ちくま新書

「いいね!」を集めるワード

齋藤 孝
Saito Takashi

1770

「いいね！」を集めるワードセンス【目次】

はじめに　なぜ今、「ワードセンス」なのか

私が「いいね！」をつけたいワードセンス最強ＴＯＰ２は、

『吾輩は猫である』と**『人間失格』**です。

これほどインパクトのある、内容にぴったりの、絶対忘れないで皆が使い続けているタイトルを生み出したワードセンスは天才的です。膨大な量の「いいね！」を集めたタイトルです。これがワードセンスです。

現代は、「いいね！」を求め合う時代。ちょっとしたコメントにも「いいね！」がつきます。「いいね！」が集まれば、気分が上がります。

逆にズレたことを言ってしまうと、が押されてしまいます。「いいね！」の数など気にしたくなくても、どうしても気になってしまいます。

インターネットの時代になって、一番変わったものは、言葉のやりとりがぼうだいになったことではないでしょうか。

手紙の時代は、それほど長々と書くことも読むこともなかったはずです。でも今はSNSや動画もありますから、文字を打ったり、音声を発したりしない日はないくらい、大量の言葉が行き交っています。

オンラインでの仕事も増え、言葉でしっかりやりとりをしてビジネスを進める場面も出てきました。

すべての場面で大切なのが言葉の選び方です。その場にぴったりした言葉を選ぶことによって「ああ、なるほど」という快感が当事者の間で共有されます。

「そう、そう、それ」とか「よくその言葉、思いついたね」というピッタリの言葉が出てくると、一気に距離が縮まり、場が温まります。言葉が人間関係を近づける燃料となるわけです。

私は大学生に授業で近況報告をしてもらう時、「先週〇〇した××です」と話すよう求めています。〇〇のところにいい言葉、面白い言葉をあてはめるのです。すると学生たちの間でも、気がきいた言葉を言える人やそれをほめられる人が評価されるようになってきました。

今は、ルッキズム問題もあり、言葉のセンスが評価の重要な基準になりつつあります。言葉のキレの良さ、言葉のセレクトで評価を受けるのが、今のネット社会では当たり前になってきたのです。

短い言葉で面白いことを言ってお互いに盛り上がったり、サービスしあったりするという、「気の利いたワード」花盛りの時代になってきていると感じています。

そうした言葉を選ぶセンスが「ワードセンス」です。「ワードセンス」は「語彙力」とちょっと似ていますが、「ワードセンス」のほうがよりライブ感があり、現代の空気を吸って出てくる〝生きのいい〟感覚があります。

「ワードセンス」に優れた人が一人いるだけで、場が冷えずに盛り上がって、うまく流れていきます。「ワードセンス」さえあれば、どこに行っても重宝され、一目置かれる存在になるでしょう。

今までの世界では「ワードセンス」はそこまで必要とされませんでした。仲のいい人と、ただ雑談しているだけでよかったのですが、インターネットで世界中とつながると、全然知らない人とも言葉でのやりとりが必要になってきます。

すると、何を言うのかという見解やものの考え方も大事ですが、どんな言葉をつかっているのかのほうが重要になってきたと言えます。少しジョークも交えながら、上手な言葉のつかい方ができると、「いいね！」がたくさん押されるのです。

もちろん手紙でやりとりしていた時代でも、五・七・五・七・七の和歌を贈るといった行為は「ワードセンス」が問われる極みと言えますが、それをやる人はある程度限られていて、機会もそれほど頻繁ではありませんでした。

しかし今は一般の人が毎日一〇通、二〇通のメールを打つのはふつうですし、インスタやフェイスブックに反応したり、コメントを書いたりするのもあたりまえになっています。言葉をつかう頻度が圧倒的に高まっていて、どんな言葉を選ぶかというセンスが重要になっているわけです。

私が教えている英語のクラスで、海外のＳＮＳに英語でコメントをつけて反応がくるかどうかを試したことがあります。

すると自分が日本人であることをアピールしながら、相手をほめつつ、上手に言葉を選んだ人は、外国の方から即座に返信がくるということがありました。

ありきたりの言葉では返信がもらえなかったと思いますので、やはり言葉を選ぶセンスが大事だとわかります。今や全世界的に「ワードセンス」が試される時代になってきたのです。

しかしこれまで「語彙力」について説いた人（私もその一人ですが）はたくさんいましたが、現代的な「ワードセンス」の重要性に注目した人はあまりいませんでした。「ワードセンス」が必要とされる時代になってきたにもかかわらず、評価が足りないと思うのです。

「ワードセンス」に光をあてて、もっと磨こうというのが、私の意図するところです。

本書では、「ワードセンス」を磨くための心構えや、人と差をつける「ワードセンス」の小技、さらに「ワードセンス」を鍛える練習問題ものせています。いわば「ワードセンス」の集大成ともいうべき内容です。

この本を活用して、あなたも「ワードセンスがいいね」と言われる達人をめざしてがんばってください。

第一章　「ワードセンス」の効用を知ろう

「ワードセンス」を磨けば人生が楽しくなる

「ワードセンス」という言葉は、最近生まれたものだろうと思います。厳密な定義というものはまだないので、広辞苑にものっていません。私自身は「ワードセンス」を、場に合った言葉を選ぶセンス、もしくは、思わず「いいね！」と言いたくなるフィット感のある言葉選び感覚と理解しています。

言葉を選ぶセンスは、時代とともに変化してきています。インターネットが発達した今、言葉は世界中、不特定多数の人の間に伝わり、拡散されていきます。

ある集団で通用した言葉が、別の集団に行くと、とんでもない反発を招く可能性もあります。昭和の時代の冗談が、別の場ではまったく通じず、セクハラ発言として大炎上する事例を私たちは数多く見てきました。どういう言葉を選択するのかは、何を述べるか以上に重大な意味を持つ世の中になってきたのです。

二〇二三年に野球の世界大会であるＷＢＣが開かれ、日本が優勝しました。その決勝戦であるアメリカ戦の直前、大谷翔平選手が仲間たちに言った言葉がとても印象的でした。

「僕からは一個だけ。憧れるのをやめましょう。」「僕らは今日超えるために、トップになるために来たので。今日一日だけは、彼らへの憧れを捨てて、勝つことだけを考えていきましょう。さあ、行こう！」

グラウンドには、ゴールドシュミットやトラウトなど超有名な選手がいます。試合前には、中心打者のトラウトが日本の選手たち全員にサインボールをプレゼントするというサプライズもありました。しかし、それに気圧《けお》されてはいけません。

「今日一日だけは、憧れるのをやめよう」

しびれる「ワードセンス」ではありませんか。「今日一日だけは」という言い方にはアメリカの選手たちに対するリスペクトがありますし、ひとつひとつの言葉のセレクトが素晴らしい。

「今日は決勝だ、頑張りましょう。さあ行こう」でもよかったのですが、さすがは大谷選手です。この言葉が選手たちの意識を変え、「もう憧れるのはやめて、勝ちに行くんだ」という気持ちになった、とある選手が言っていました。

イチロー選手も素晴らしい「ワードセンス」の持ち主でしたが、一流のプロたちは、言葉をなりわいにしていない人でも、そういうセンスが求められる時代になってきたということです。

これほど重要で繊細さが求められる「ワードセンス」ですので、言葉選びに慎重になる人もいるでしょう。しかし、私自身はチャレンジして「ワードセンス」を磨くことでたくさんの効用が生まれると、前向きにとらえています。

「口は災いのもと」とばかりに、よけいなことを言わないよう、口を閉ざしてしゃべらない生き方もあるかもしれませんが、これからは世界中の人たちとつながって、知恵を借り、協力しあって道を開いていく世の中になります。

「ワードセンス」をこわがるのではなく、積極的に磨くことで、世界が広がり、人生の楽しみが増えると考えたほうが、プラスが大きいと思うのです。

「ワードセンス」を要注意事案として用心して避けるのか、「ワードセンス」の効用に気づいて、積極的に磨くか。私は後者のほうが人生が楽しい気がします。

ではさっそく「ワードセンス」の効用について考えてみましょう。

1 「ワードセンス」を認識すると楽しみが増える

私は一日何百というコメントを読んでいます。なぜこんなにコメント欄を読むのが好きなのかというと、書いている人の「ワードセンス」を楽しんでいるのです。「ワードセンス」に前向きに取り組むと、気が利いたワードを見つける楽しさが増えます。

たとえば、スポーツの世界大会で日本が惨敗した試合があるとします。がっかりして、日本選手のふがいなさにうんざりしているときに、誰かのコメントがとてもうまくて、ちょっとした笑いが起きてしまうものがあると、「まあ、いいか。日本が負けても」と絶望的な気持ちが少し穏やかになっていきます。

二〇二三年に、ラグビー日本代表がワールドカップで惜しくも予選敗退した時に、「勝ち負けはともかく、サポーターが徐々に増え、ラグビーというスポーツが子供達から大人まで幅広く認知されて、時間をかけて有望な選手を育成していくことが、結果として日本のラグビー発展となる」というコメントがあって、「その通り！」と思いました。

このように、みんなが共感できて、「ああ、それそれ」と思えるコメントを寄せる人もいます。よくネットには誹謗中傷ばかりと言われますが、私が日々何百もコメントを読んでいる限りは、誹謗中傷が減ってきて、共感的なものが増えているのを感じます。「こういう風に言ってくれたから、納得する」とか「まさにうまいことを言ってくれた」という「いいね！が集まるワードセンス」があるのです。

ミュージシャンの谷村新司さんが亡くなって、山口百恵さんとのデュエット『いい日旅立ち』がネットにアップされました。そのコメントに**「日本の原風景」**というものがあり、それを見ると「みんながこういう感覚を持っているのだな」と感動がまた深まりました。

「ワードセンス」を何のために磨くのかというと、そういう感情や考えを共有して、「これだよね」と今の時代を一緒に生きている喜びを分かち合える点にあります。

私は教師としてつねに人をほめる仕事をしているので、「今のワードセンスはいいね」と学生をはげましています。同様に、ネットでも優れた「ワードセンス」を見つけ出すのが楽しみのひとつです。たくさんのコメントを読んで、「おお、これはすごい」「これは自分では言えないな」というものを見つけたときはうれしくなります。

すると、ニュースを見ていても、ネットを見ていても、面白さが倍増します。「これはなかなかのワードセンスだね」と人生が楽しくなるのです。そういう言葉を見つけると、私はうれしくなって、「今日のワードセンス大賞はこれ」と、勝手に賞を授与しています。

みなさんもぜひ「今日のワードセンス大賞」をさがす習慣を身につけてください。毎日の生活が楽しくなり、ついでに言葉選びに敏感になり、自分自身の「ワードセンス」も知らず知らずに磨かれていくでしょう。

2　コミュニケーション能力が自然に磨かれる

ファッション誌を毎日見ていると、自然にファッションセンスが身につきます。ファッションに対する目が肥えてきて、自分の服装を選ぶときも、どんどんセンスアップしてくるのがわかります。

私が十代で静岡から東京に出てきたときは、ファッションセンス・ゼロの予備校生でした。それから何十年も東京で暮らしているので、ときどき帰省して知り合いや同級生に会うと「都会風になった」「おしゃれになった」と言われることがあります。

自分ではいまだにファッションセンス・ゼロだと思っているのですが、東京生活が長くなるにつれ、自然に東京のスタイルが身についてきたのかもしれません。

「ワードセンス」も同じです。優れた「ワードセンス」をいつも探し、その中に身を置いていると、自然に「ワードセンス」が磨かれてきます。

すると「こういうときはこういう言葉をつかおう」とか「今はこの言葉はまずいな」など、コミュニケーション能力が自然に上がってきます。話すだけでなく、書く場面でも、「こちらの言葉のほうがいいんじゃないかな」と言葉を練る力がついてくるでしょう。

日頃から優れた「ワードセンス」を探し出す習慣があり、その中に身を置いて生活していれば、間違っても顰蹙《ひんしゅく》を買うような言葉を選ぶリスクはさけられます。つまりコミュニケーション能力が磨かれるわけです。

3　場を温められる

飲み会などでいわゆる〝座持ちがいい人〟がいます。座が盛り上がるのを支えている人たちのことです。そういう人は返しが上手で、言葉もポンポンと的確に出されるので、場が冷えずに盛り上がっていきます。こういう人たちがいると、たいへんありがたいですね。

場を温めるには燃料が必要です。「ワードセンス」がないと、だんだん場が冷えていきますが「ワードセンス」があれば、それが燃料になって、場が温まります。たとえばひとつの場を取り囲んでいたとします。誰かがユーモアセンスのある言葉を言うと、みんなが笑います。これは燃料を投入した状態です。

焼き肉を焼いているのに火がついていないと本当に興ざめです。でも火をつける人がいて、つねに面白いことを言いながら座を盛り上げてくれると、焼き肉がとてもおいしく食べられます。「ワードセンス」は焼き肉屋における〝火をつける人〟と言ってもいいでしょう。

なお、誰かがあまり面白くないことを言っても、笑う人がいます。その人もその人なりにちゃんと場を温めているのです。カラオケで、自分は歌いませんが、タンバリンを叩いて座を盛り上げてくれる人も場を温めています。

「ワードセンス」に自信がないうちは、せめて笑って座を盛り上げる役に徹しましょう。場を何とか楽しく過ごす力は、「ワードセンス」を磨く力につながります。

4　同じ感情を持って共感できる

みんながもやもやした感情を抱えているときに、誰かのひと言で、みんなが「ああ、それそれ」と共感できる言葉が「ワードセンス」です。英語で言うと、"This is it!"と叫びたくなるようなワードということです。

そういう言葉にめぐりあうと、「よくぞ、この言葉を見つけてきてくれたものだ」とうれしくなります。

私は"This is it."は素晴らしい英語だと思っています。これはマイケル・ジャクソンの映画のタイトルになっていて、私は見に行きましたが、とてもかっこいい映画でした。

「マイケル・ジャクソン　THIS IS IT」というタイトルだけでは、何のことだかさっぱり意味がわかりません。「THIS」もわからなければ「IT」もわからない。それが「IS」で結ばれているだけのシンプルな英語です。

でも、"This is a pen." とは明らかに違う英語です。"This is a pen." のほうは「pen」そのものを指していますが、"This is it." は何を指しているのかわかりません。

映画を見ていて何となく伝わってきたのは、「エンターテイメントとは何か」とみなが疑問を持っていたときに、「これがそれなんだよ」という究極の答えをマイケル自身が見せるという、その気概です。

マイケルのやっていること、それこそがエンターテイメントなんだという「これがそれなんだ」という感情をあらわしたのが "This is it." ではないでしょうか。

「ワードセンス」とは、まさに「あ、これがこの感情を表現するために求めていた言葉だったんだ」「これこそがそれなんだ」と感動する、あるいは「よくまあ、こんな言葉を思いつくものだ」と、そのセンスの良さに惚れ惚れする快感をともなうものだと思います。

しかもそれが自分ひとりではなく、みんなが同じ感情を持って共感できる。「ああ、それそれ」という快感をみなで共有できるところが「ワードセンス」の効用と言えましょう。

5　パワハラ、セクハラを回避できる

今は、ハラスメントが問題になっている時代です。つかう言葉を選ばないと、大変なことになってしまいます。

たとえば「女性ならではの視点」という言葉に、悪意はまったくありません。男性が多い社会の中で「女性ならではの視点でやってほしい」とか「主婦ならではの能力を発揮してほしい」というのは、それ自体に差別の意図はないでしょう。

しかし、時代は変わります。「女性ならでは」という言い方がすでによくないのです。「男性ならではとは言わないでしょう」と切り返される。そういう時代です。

ですから、「ワードセンス」は毎年更新されていかないといけません。かつては問題なかった発言が今はハラスメントになっていくのだ、という意識の変革が求められています。

パワハラやセクハラをする人は、元々の考え方が時代にそぐわないという根本的な問題に加えて、言葉を選べばセーフだったのに、選び方を間違ってさらに火に油を注ぐはめにおちいることも少なくありません。

たとえば「親の顔が見たい」という言い方は、昔でしたら「ワードセンス」としてわりとおすすめのほうの部類に選ばれる言葉でした。

昭和の時代に「親の顔が見たいよ」と言うと、冗談の一種としてみんなが笑い、場がなごむ効力もあったのです。

でも今は冗談にもなりません。親を侮辱されたという意味にとられかねないからです。「どういう育ちをしているんだよ」と言われたらムカッとするのと同じで、親を持ち出す「ワードセンス」はまったく笑いにもなりません。

「ワードセンス」は、時代によって基準が変わってきているということです。現代において、ハラスメントや失言なく自分の考えを述べるためには、「ワードセンス」がひじょうに重要になります。

私は、テレビでコメンテーターを二〇年以上やっています。コメンテーターはあらかじめつくった原稿を読むわけではなく、その場でポンと意見を言わなければなりません。

万一失言したり、ミスをしたりしてしまうと、たくさんの人たちに多大な迷惑をかけてしまうので、絶対に炎上しない言葉の選び方が必要です。

また講演会でも一時間半をひとりでしゃべるとなると、相当な言葉数になります。何もない空間を言葉で埋めつくす仕事をしているので、考えようによっては、ひじょうにリスクをともなうものと言えます。

しかも講演の最中にはユーモアも交えないといけませんし、人を笑わせたりリラックスさせたりする必要もあります。「ワードセンス」そのものが問われる仕事であり、そのまっただ中で生きているのが、私の毎日です。

しかし私のような言葉を扱う仕事に就いていなくても、不用意なひと言で大炎上を招いたり、職を失ったりする可能性さえあるのは、誰でも同じです。意図しないハラスメントをしたと言われないためにも、「ワードセンス」を磨いておくことは現代を生き抜く必須の力と言えるでしょう。

逆にいえば、「ワードセンス」を磨いておけば、上手にみなを笑わせて、場をなごませながらも、ハラスメントのわなにはひっかからないですむ、というわけです。

6 本質をつかむ力が身につく

「ワードセンス」には、本質をつかむ力があります。そのひと言で場の雰囲気をすべて持っていってしまうほどインパクトのある言葉は、たいてい本質を突いています。「ああ、なるほど」「そうそう、その通り」と快感を覚えるのは、それが本質を突いているからです。

私が好きな芸人さんに「錦鯉」というコンビがいます。漫才のトップを決める「M－1グランプリ」という大会で二〇二一年に優勝したコンビです。

「こんにちは～」とばかでかい声で言いながら出てくるのが、ボケ担当の長谷川雅紀さん。「うるせえんだよ」とつっこみを入れるのが、渡辺隆さんです。渡辺さんが上手につっこんでいくことで、長谷川さんのバカな雰囲気が輝いてくるという芸風です。

私は、この渡辺さんのつっこみの「ワードセンス」を素晴らしいと思った機会がありました。あるとき、渡辺さんが「錦鯉」について、どんなコンビかと聞かれて、**「うちはボケとツッコミではなく、バカと注意です」**と答えたのです。

ふつうなら「ボケ」とそれに対する「ツッコミ」と答えるでしょう。せいぜい「バカと利口です」とか「ダメ人間とまとも人間です」など、反対語を並べて答えるかもしれません。

ところが渡辺さんは「バカと注意」と言ったのです。たしかに二人の漫才は、バカに徹する長谷川さんに、スーツ姿で真面目な渡辺さんがつっこみを入れるという形式で成り立っていますが、「バカ」に対するワードとして「注意」という言葉を持ってきた「ワードセンス」が素晴らしいと思います。

まさにマイケル・ジャクソンの“This is it.”の「it」に相当する本質を突いた言葉です。

インパクトを与えるようなひと言を選び出す「ワードセンス」は実は、本質を的確につかむ力とリンクしているのではないでしょうか。「ワードセンス」を磨くことによって、本質を見抜く力が鍛えられます。

まとめ

「ワードセンス」を磨くと次の六つのメリットが生まれます。
センスのいい言葉を追いかけるので、

①単純に人生が楽しくなる
②自分のコミュニケーション能力も磨かれる
③面白いことが言えるので場が盛り上がる
④みんなの共感が得られる
⑤言葉の選択を間違えないので、パワハラ、セクハラにまきこれないですむ
⑥言葉を選ぶ作業を通じて本質をつかむ力が磨かれる

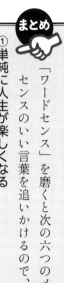

第二章

「ワードセンス」を磨くための心構え

「ワードセンス」は運動能力と同じ

世の中には「よくその言葉、思いつくね」と惚れぼれするくらい「ワードセンス」に優れた人がいます。生まれつき運動神経がいい人がいるのと同じように、生まれつき、当意即妙に言葉を返せる「ワードセンス」の才能を持った人間がいるのは事実です。

言葉をつかうプロ、たとえば芸人と言われる人たちやアナウンサー、タレントの方たちは、抜群の「ワードセンス」を持っているからこそ、プロとして仕事が成り立ちます。ずばぬけた運動神経を持った人がオリンピックに出たり、プロのアスリートとして活躍できたりするのと同じです。

通常はそこまでのレベルに到達するのは無理だとしても、少なくとも訓練することによって、「ワードセンス」をある程度のレベルまで磨くことはできます。

オリンピック選手のように一〇秒を切るタイムで走るのは無理としても、練習すればするほど早く走れるようになります。「ワードセンス」も練習すればするほど、必ず磨かれ、上達していきます。

自分には「ワードセンス」がないとか、口べたで気が利いたことが言えないなどと悩むことはありません。鍛えれば必ず向上していきますから、ジムで体を鍛えるように、「ワードセンス」も鍛えて磨きましょう。

ではどんな磨き方をすればいいのでしょうか。まず磨くための心構えについておさえておく必要があります。

構えができていないと、いくら練習しても、はかばかしい上達はありません。家を建てるとき土台をつくらないと、ちゃんとした家が建たないのと同じです。「ワードセンス」を磨くには、どのような心構えが必要なのでしょうか。

1 「ワードセンス」という概念を確立する

「ワードセンス」を磨くには、そもそも「ワードセンス」は何かという概念を確立しなければなりません。今まで自分の中になかった「ワードセンス」という概念を語彙の中に加えてみるのです。

私は以前『質問力』（ちくま文庫・二〇〇六年）という本を書いたことがあります。それまで「質問」という言葉はありましたが、**「質問力」**という言葉はありませんでした。

しかし「質問力」という言葉をつくったことによって、その概念が頭の中に入り、「これは質問力の高い質問だ」「質問力にちょっと欠ける質問だな」というように、その後の生活の中で、質問を評価できるようになったのです。

今まで質問を評価したことはない世の中だったのが、「質問力」という言葉によって概念を獲得し、その観点から質問をとらえられるようになると、質問を評価しないではいられなくなります。それが概念の力です。

概念があることによって、ものを見る視点が与えられて、そこから世の中を見てみると、見え方が変わってきます。

「権利」や「個性」という概念は、福沢諭吉たちが英語を翻訳するまでは日本には存在しないものでした。しかしこの言葉がつくられて、「権利」や「個性」という概念が浸透し、「これが権利だったのだ」「これが個性というものだ」という新しい価値観が生まれたのです。

言葉が持つ力はそれくらい大きいのです。みなさんもぜひ、自分の頭の中に「ワードセンス」という言葉を加えてください。

すると、「これがワードセンスだ」というものが鮮やかに浮かび上がって見えてきます。みなさんの価値観に「ワードセンス」という概念がしっかり根付いてくるでしょう。

2 「ワードセンス」に気づいて反応する

「ワードセンス」という概念をつくったら、実際にそれを認識し、気づくことが必要です。「今のこの言葉がいいね」と認識できなければ、そのままふつうに聞き流してしまって、良さに気づけません。

「ワードセンス」というスポーツがあったとしたら、「今のは日本代表に選ばれるレベルだ」とか「さすが世界代表は違うな」と気づく感覚を持ってほしいのです。「ワードセンス」というスポーツをやったこともない、試合を見たこともない、日本代表も知らないという状態だと、そのスポーツのセンスを磨くことは不可能です。

しかし「ワードセンス」という概念を自分の中にとりいれておけば、以後、「これはワードセンスかな」「これは違うな」と選別ができるので、優れた「ワードセンス」を見つけることができるようになるでしょう。

「ワードセンス」という視点からこの世の中をみていると、こんなにも壮大なスポーツが行われていたのだと、がくぜんとするでしょう。これをスポーツと思わずに、今まで見逃していたのは、なんともったいないことだったと思えるのではないでしょうか。

私の場合は、「ワードセンス日本代表」に選ばれる人のラインナップをつくって、その人たちの言葉に注目しています。たとえば紫式部、芥川龍之介、太宰治、夏目漱石、森鷗外などそうそうたる文豪たちが選抜メンバーに並んでいます。

文豪たちの「ワードセンス」を並べて『実践　文豪の日本語』（角川ONEテーマ21・二〇一四年）という本まで出してしまったくらいです。しかし、彼らはある意味すごすぎて、私たちには真似するのが難しすぎました。彼らほどの教養がないからです。

それに文豪たちの「ワードセンス」は、現代のコミュニケーションとは少し感覚が違います。現代の世界を生きている私たちに求められているのは、シャープに事象を切り、かつ少しウキウキしたところやユーモア感覚がある言葉です。

そうした活《い》きのいい言葉を見つけてくるには、ライブで流れるテレビやラジオ、雑誌、新聞、ネットなどがおすすめです。

私たちは日々ぼうだいな情報に接していますが、ネットニュースやSNSを見るときも、頭のかたすみに「ワードセンス」という概念を置いておくと、その網にからめとられるように、ピチピチと活きのいい言葉が発見できるはずです。見つけたら、「すごい！　ワードセンス！」と言いながら、手をたたいて喝采し、評価してみましょう。一日のうちに何度も、「おお、ワードセンスがキレッキレ」と言えるようになると、かなり目が肥えてきた証拠です。

最初は、自分で的確なワードをつくりだせなくてもかまいません。優れたワードを探し出す目、反応する力を養っておけば、「ワードセンス」を磨く一歩が築けます。

3　アウトプットする

「ワードセンス」という基準で評価できるようになったら、今度は自分でそれをつかってみましょう。スポーツも見ているだけではうまくなりません。実際にやってみないと上達しないのです。

自分で話すとき、あるいは書くときに、「これはワードセンスとしてどうなんだろう」「もう少し別の言い方があるのではないか」と問いかけながら、言葉をさがし、実際にアウトプットしてみましょう。

最初は失敗したり、スベったりするのは覚悟の上です。あまり難しく考えないで、「これ、ここで言ったらどうかな」くらいの感覚でチャレンジしてみます。そして「これはちょっとはずしたな」という経験を積んでいきます。

自分では面白いと思っても、アウトプットしたら、たんにスベるだけだった、などという経験こそが貴重なトレーニングになります。

またみなさんは毎日ビジネスメールやＳＮＳなどで、たくさんの文章を書いていると思います。ぜひ自分の文章を吟味する習慣をつけて、「ワードセンス」をアウトプットする機会にしてください。

「どんな書き出しにしようか」「件名はどうしよう」など、言葉にこだわって、少しだけ考えるだけで、「ワードセンス」は磨かれていきます。

4　強い意志を持つ

メジャリーガーの大谷翔平選手の「ワードセンス」にはいつも感心させられます。たとえば二〇二二年のオールスター戦のとき、最初の打席について「どうでしたか」と聞かれた答えがこうでした。

"First picth, full swing, that's it."。ファーストピッチをフルスイングする。それだけなんだよ、という意味です。この「ワードセンス」の素晴らしさ！　俳句のようにポンポンポンと単語を置いたことで、言葉の意味がきわだち、キレのある言葉が生きてきます。

このように言語が外国語であっても、「ワードセンス」によって、相手にも意志がはっきり伝わります。

それには、自分の中で思い描いているものを相手にも共有してもらおうという強い意志が必要です。キレのあるワードを選ぶセンスの大元には、強い意志があるのです。

これがもし、意志がなくて、ぼんやりした調子で話したとすると「まあ、一所懸命やろうと思うので、応援よろしくお願いします」というような平凡な内容になってしまったでしょう。

自分は絶対にこうしたいのだ、ということをちゃんと伝えるには、頭の中にあるものがひじょうにきっちりしていて、意志もはっきりしていなければなりません。

「ワードセンス」を磨くには、「これを伝えるのだ」という強い意志が必要なのです。

5 優れた「ワードセンス」に親しむ

「ワードセンス」を磨くには、環境も大事です。つね日頃からハイレベルの「ワードセンス」に囲まれていれば、いやでもセンスは磨かれます。

「2」で説明した「ワードセンス」に気づいて反応するのが「ワードセンス」を磨く初級編だとすると、中級編はよりハイレベルな「ワードセンス」に親しむことです。

おすすめなのは、宣伝のコピーを意識すること。コピーは言葉のキレによって商品に興味を持ってもらうものなので、まさに「ワードセンス」のきわみと言えましょう。優れたキャッチコピーに親しんでおくと、応用がきくようになります。たとえばタワーレコードのキャッチコピーとして有名な**「NO MUSIC、NO LIFE」**は「MUSIC」のところにいろいろなものを入れて応用することができます。「NO GYUDON、NO LIFE」でもいいし、「NO CATS、NO LIFE」もありです。

またJR東海が実施している**「そうだ 京都、行こう」**というキャンペーンも、応用がききます。「京都へ」よりも「京都、」の方が息のリズムがいい。「そうだ」は共感を呼ぶワードです。「そうだ〜しよう」の「〜」のところに何でも入れられます。「そうだ ソロキャンプ、しよう」でもいいし、「そうだ 盆栽、しよう」でもいいでしょう。

優れたキャッチコピーを体にしみこませておけば、一部を入れ換えて、汎用性のあるつかい方ができます。

なお私が歴史上、最も優れたキャッチコピーの一つだと思うのは、マルクスとエンゲルスによって書かれた『共産党宣言』の一文です。そこには**「万国のプロレタリア団結せよ！」**と書かれていました。

この言葉は全世界で有名になり、資本家と戦う労働者たちを勇気づけました。もしこれが「労働者のみなさん、一緒に戦いましょう」だと、どこにでもあるゆるい感じになってしまい、これほど世界に浸透したでしょうか。

これは翻訳の問題もあると思いますが、「労働者のみなさん」とするところを「万国のプロレタリア」としたところ、「一緒に戦いましょう」ではなく「団結せよ」と簡潔に言い切ったところが、同じ内容を言っているにもかかわらず、世界中の人々の心に響いたのだと思います。

「セブンイレブンいい気分」などのコピーで知られるクリエイターの杉山恒太郎さんと対談させてもらったことがありますが、「もっといい言葉はないか」と考え続けるそうです。小学館の新入学キャンペーンのCMは「春が待ち遠しい一年生」というコンセプトでした。それだけでも十分に思えますが、それで満足せずに考え続け、**「ピ**

ツカピカの一年生」という傑作コピーに至ったのです。
「ワードセンス」の陰に「探し続ける粘り」があるのです。

まとめ

「ワードセンス」を磨くには、次の五つの心構えが必要です。

①「ワードセンス」という概念を確立する
②「ワードセンス」に気づくようにする
③気づいたら自分でもつかってみる
④さらに伝えたいという強い意志をもって発信する
⑤並行して日常的に優れた「ワードセンス」にふれ、センスを磨く

第三章

「ワードセンス」の磨き方～練習編

あらゆるものが練習材料になる

「ワードセンス」の存在に気づけるようになったら、いよいよ「ワードセンス」を磨くトレーニングに入りましょう。といっても特別な教材や道具は必要ありません。毎日の生活を少し工夫するだけで、「ワードセンス」はいつでも、どこでも磨けます。日々の生活をトレーニングに変える「ワードセンス」の練習法をあげてみます。

1 いろいろなものにキャッチコピーをつけてみる

キャッチコピーとは、商品などを印象づけるためにつかわれる言葉のことです。短い言葉で注目を集めないといけないので、大々的に宣伝される商品のキャッチコピーともなると、何人もの人が知恵をしぼってコピーの案を考え、練りに練って最終形に到達します。

商品の特徴は何か、魅力は何か、つかい方はどうかなど、多方面から検討した上で、買ってくれる人にグサリとささるひと言をもってくる――かなりハイレベルの「ワードセンス」が要求されまる作業です。

これを日常的にやってみると、「ワードセンス」がいやでも磨かれるのは間違いありません。大手広告代理店のコピーライターになったつもりで、身の回りのあらゆるものにキャッチコピーをつけてみましょう。

たとえば、自分の愛用のリュックにキャッチコピーをつけるとしたら？　あるいはいつもつかっているマグカップにはどんなキャッチコピーがつくか？　この間買ったスニーカーには？　など身近なものに片っ端からキャッチコピーをつけてみるのです。

スマホを見て暇つぶしをするより、ずっと面白いし、「ワードセンス」のトレーニングにもなって有意義なのではないでしょうか。

山手線に新しい駅ができ、駅名が「高輪ゲートウエイ」と「漢字＋英語のカタカナ」になったとき、大学生がつくった「妄想カタカナ山手線路線図」が話題になりました。

これは大学生が友だちと待ち合わせをしている時間につくったものだそうです。**「有楽町オールモスト銀座」**や**「新橋サラリーマンサンクチュアリ」「池袋ゲートウエイパーク」「西日暮里エリートスクール**（開成中学高校があるので）**」**など、山手線の全駅に「漢字＋カタカナ」の名前をつけたのですが、駅の特徴をよくあらわしていて、おまけにユーモアも混じり、今見ても笑える秀逸の「ワードセンス」です。

2　あだ名をつけてみる

あだ名は人につけるキャッチコピーのようなものです。人にあだ名をつけてみるのも「ワードセンス」の訓練になります。

池波正太郎の小説『鬼平犯科帳』には密偵や泥棒たちの通り名がおもしろおかしく書かれています。一例をあげると**「泥亀の七蔵」「雨乞いの庄右衛門」「翻筋斗《もんどり》の亀太郎」「夜針の音松」**など。

いずれも本人の特徴やバックボーンをうまくとらえて通り名にしているようで、池波正太郎の「ワードセンス」に脱帽します。

あだ名で有名になったのは有吉弘行さんです。あるとき、バラエティ番組で同じタレント仲間の「品川庄司」の品川祐さんに**「おしゃべりクソ野郎」**というあだ名をつけていました。

品川さんは、何でもしたり顔で話し続けるので、みんなから嫌われているという設定です。私はたまたまその番組を見ていましたが、有吉さんの「おしゃべりクソ野郎」という発言に思わず大爆笑してしまったのを覚えています。

有吉さんはこわいもの知らずで、大御所に対しても平気であだ名をつけてしまいます。コメンテーターのデーブ・スペクターさんには**「ひな壇外人」**、関根勤さんには**「説明ジジイ」**など、聞いているほうはハラハラしますが、有吉さんのいいところは、あだ名をつけられた人の良さを引き出している点です。

品川さんも「おしゃべりクソ野郎」と命名されてからは、あまり嫌な人には見えなくなりました。テレビに品川さんが出て、しゃべり続けていても、ほほえましく眺められるようになったのは、有吉さんのあだ名のおかげではないでしょうか。

みなさんも身近な友人や家族、学校の先生や会社の上司に心の中でニックネームをつけてみましょう。うまく本質をとらえて、ピッタリのあだ名がつけられると、自分でも快感が得られるでしょう。

ただし、あだ名はつけられた相手の不興を買うおそれがあります。よほど親しい人以外には明かさないほうが無難です。あくまでも自分の心の中だけでとどめておき、間違ってもその名前で相手を呼ばないように。

今、学校ではあだ名禁止の流れもあります。有吉さん自身も今はあだ名付けを封印しています。

参考までに有吉さんがつくったあだ名の例をあげておきます。これを見てもわかるように、あだ名は面白ければ面白いほど、本人の逆鱗《げきりん》にふれる可能性も高くなります。我ながら会心のあだ名をつけたと思っても、本人の了解なしには口に出して言わないのがマナーです。

［有吉弘行さんのつけたあだ名の例］

ベッキー　「元気の押し売り」　タモリ　「昼メガネ」
品川祐　「おしゃべりクソ野郎」　宮崎哲弥　「インテリ原始人」
土田晃之　「理屈しゃくれ」　麻生太郎　「エヘン虫」
はるな愛　「コスプレおじさん」　和田アキ子　「リズム＆暴力」
オール巨人　「楽屋の厄介者」　山崎邦正（月亭方正）　「実力不足」
ナイツの塙宣之　「リストラ」　関根勤　「説明ジジイ」
高橋英樹　「迫り来る顔面」　デーブ・スペクター　「ひな壇外人」
博多華丸・大吉の大吉　「病み上がり」
華丸　「無駄にオシャレ」
ペナルティのワッキー　「クソスベリ芸人」
バナナマンの日村勇紀　「ポール・マッカートニー」
サンドウィッチマンの富澤たけし　「悲しきモンスター」

3 ペンネームを考えてみよう

あだ名の番外篇と言ってもいいのがペンネームです。いわば自分につけるあだ名と言ってもいいでしょう。最近はSNSの発達もあり、本名ではなく、ハンドルネームやアカウント名、愛称を求められることも増えてきました。「おやっ」と思われるような名前がつけられれば、注目度もあがるでしょう。

さらに、センスのいいペンネームをつけ、そのアイデンティティで行動していると、自身の「ワードセンス」も自然に向上するはずです。昔から名は体をあらわすと言われるように、名前にふさわしい自分であろうと、無意識が働くからです。

ペンネームで私がうまいと思うのは「種田山頭火」です。山頭火の本名は「種田正一」です。もし「正一」のままだったら、これほどまで有名になったかどうかわからなかったと思います。

「山頭火」は、「納音《なっちん》」と呼ばれる中国の占いの用語の中に出てくる言葉から引用しています。

生まれ年によって、その人の「納音」が決まるのですが、山頭火自身の「納音」が「山頭火」だったわけではなく、純粋に漢字と読み方が気に入って、この名前にしたそうです。山頭火の師匠にあたる荻原井泉水《せいせんすい》も「納音」から俳号を取っています。「納音」にはほかにも「爐中火《ろちゅうか》」「揚柳木《ようりゅうぼく》」「桑柘木《そうしゃくもく》」など素敵な名前がたくさんあります。こういうところからペンネームを借用してくるのもいいでしょう。

もうひとつ、ペンネームでうまいと思うのは、**「辛酸なめ子」**という漫画家でコラムニストの女性です。「辛酸なめ子」というネーミングは、なかなか考えられるものではありません。こんなペンネームの人の文章を、ちょっと読んでみたくなりませんか。

ペンネームは自由につけ、自由に変更できるので、そのときの自分の気分や状況に合わせて、複数のペンネームを持つのも楽しいでしょう。名前を推進力にして、「ワードセンス」を磨く方法もあると思います。

4 俳句・川柳をつくって言葉の筋トレをしよう

俳句・川柳は、五・七・五の一七音の中に純度の高い言葉を入れ込む日本の伝統文芸です。日本人は俳句を通して言葉を鍛え上げてきたDNAがあるので、「ワードセンス」を磨くには最適な教材です。

せっかく遺伝子の中に俳句・川柳の「ワードセンス」が流れているのですから、これを利用しない手はありません。つね日ごろからなんでも俳句にしていれば、筋トレのように言葉を選ぶ筋力が鍛えられます。

最近は芸人さんやアイドルの方が俳句に挑戦して、素晴らしい作品を発表していますし、俳句のテレビ番組や本もたくさんあるので、優れた先輩たちの作品を読みながら、今日から俳句をつくる生活に入ってみましょう。

著名な俳人の句は、「なるほど、この風景はこう描くのか」と感心するような優れたワードが見受けられます。

たとえば俳人高浜虚子に「去年今年《こぞことし》貫く棒の如きもの」という句があります。元旦をはさんで、年と気分は新しくなりますが、変わらずつながっているものがあります。それをたんに「変わらない」とか「つながっている」と言うのではなく、去年と今年が棒のようなもので貫かれているというワードを持ってきたところがさすがです。

私はテレビの情報番組にコメンテーターとして出演したとき、ニュースを見て川柳を一句つくるコーナーを毎週担当していました。古今東西の教養もまじえながら、毎回、頭をひねって俳句をつくるのが大変でしたが、おかげで頭と言葉の筋肉がずいぶん鍛えられました。

参考までに、俳句のもとになったニュースと私の川柳をあげておきます。みなさんならどんな一句をつくるでしょうか。

（1）宅急便の再配達が多いニュースについて

↓無駄足か時は金なり資本主義

宅急便が時間指定されていたにもかかわらず、行ったら留守で、また配達しに行かなければならないというニュースに対しての一句です。アメリカの政治家で物理学者だったベンジャミン・フランクリンによって有名になった言葉に「時は金なり(Time is money.)」があります。

フランクリンは合理主義者で、アメリカ合衆国建国の父の一人とも言われた人です。資本主義国アメリカの精神をつくったフランクリンを踏まえての一句です。

(2)『地球の歩き方』という本の多摩版ができてヒットしたニュースについて

↓購買力ひとり歩けばディープ多摩

『地球の歩き方』(学研プラス)という本は、海外の現地情報に力点を起き、バックパッカーなど個人旅行者のバイブルとして知られた本です。インターネットの普及により、部数を落としてしまったので、海外版だけでなく、国内版もつくり始めました。

そして『東京編』をつくったときに、多摩地域が抜けていたため、『多摩版』をつくったところ多摩地域を中心にたいへん売れたということです。

私がつくった句には国木田独歩の『武蔵野』という作品の一節、「この路を独り静かに歩む」が隠れています。独歩は当時雑木林が多かった武蔵野をしじゅう散策し、その美しさを『武蔵野』に書き留めました。

『地球の歩き方多摩編』も、深く掘っていくと面白い多摩の魅力がつまっています。独歩とからめた句でしたが、はたして視聴者の方に伝わったのかどうか……。

（3）小学生が卒業証書に書かれた篆書《てんしょ》の間違いを指摘したニュースについて

↓後生《こうせい》の気づく力は畏るべし

これは『論語』の「後生畏るべし」を踏まえています。「後生」はあとから生まれた人のことです。たとえ自分より後から生まれた年下の人間であっても、どこまで伸びるかわからないから、畏敬を持って接するべきという意味です。

なお、俳句・川柳だけではなく五・七・五・七・七の短歌もおすすめです。何気ない日常を話し言葉の短歌にした俵万智さんの登場以来、短歌のハードルは低くなっています。最近では若い歌人もたくさん出ていますし、ネットで気軽に投稿できるサイトもあるようです。

短歌で言葉の筋トレをするのも、おすすめです。

5 芸人さんの「ワードセンス」に注目する

「ワードセンス」を鍛える一番の教科書は、実は芸人さんではないかと私は思っています。彼らはまさに「ワードセンス」を武器にして、厳しい芸能界でしのぎを削っています。「ワードセンス」を仕事にしているプロという意味では尊敬すべきスーパースターたちです。

テレビのバラエティ番組はもちろん、ユーチューブにも動画があがっていますので、芸人さんたちの「ワードセンス」に注目して見ていただくと、練習になるでしょう。

なかでも私が注目していて、「これぞ『ワードセンス』のMVP」という人が「バイきんぐ」というコンビでツッコミを担当している小峠英二さんです。

彼は芸人界の大御所、「ダウンタウン」の松本人志さんにも平気でつっこむくらい度胸がある人です。私は『全力！脱力タイムズ』という番組で、小峠さんとご一緒したことがありますが、その「ワードセンス」に舌を巻きました。

私が出演した回では、コメンテーターたちや司会進行役の人たちとの間でちょっとした言い争いが起きるという設定でした。あくまでこれは台本があって、本気のけんかではありません。

しかしゲスト役の小峠さんには台本は知らされていません。私たちが言い合いを始めると、小峠さんは一瞬ポカンとします。そのあとすかさず**「今日はけんか祭りですか？」**とツッコんだのです。

私は思わず爆笑してしまいました。番組的には笑ってはいけないのですが、我慢できませんでした。

「けんか祭り」という言葉が実際にあるのかどうかわかりません。しかし私たちが立ち上がってけんかをしている最中に、さりげなくポーンとそのワードを言えるかどうか。私はつねに自分がその立場なら、言えるかどうかを基準に考えますので、せいぜい「なんですか？　今日は」くらいが関の山だと思います。

「けんか祭り」という言葉を持ってくる小峠さんの「ワードセンス」は飛び抜けています。私は小峠さんの言葉ばかり集めた本をつくりたいと思ったほどです。

このように芸人さんには優れた「ワードセンス」の持ち主がたくさんいるので、みなさんはぜひその言葉選びに注目して、「ワードセンス」を磨く練習につかってください。

6　本のタイトルを考えてみる

自分の本を出版していると、出版社の人たちがいかに本のタイトルに心を砕いているかがわかります。タイトルのつけ方いかんによって、本の売れ行きがまったく違ってしまうこともあるので、編集者の人たちは毎回が真剣勝負です。

みなさんが何げなく手にとっている本のタイトルも、実はいろいろな人たちがいくつもタイトル案を出し合って、検討を加えた結果、渾身の一撃が選ばれて世に出てきた結果なのです。

そういう目で改めて本のタイトルを見てみると、なぜこの言葉を持ってきたのか、出版社の「ワードセンス」がうかがえて、面白いものです。

みなさんも本を読むとき、自分だったらこの本にどんなタイトルをつけるか、考えるくせをつけましょう。それを自分オリジナルのサブタイトルとして本につければ、いっそう愛着がわくのではないでしょうか。いわば本の「あだ名」のようなものです。

印象的なタイトルとしては、**「間違いだらけの車選び」**、**「大往生」「超整理法」**、**「○○が9割」**、**「嫌われる勇気」**、**「○○革命」**、**「君の膵臓《すいぞう》をたべたい」**、**「コンビニ人間」**、**「世界の中心で愛を叫ぶ」**、**「蹴りたい背中」**、**「バカの壁」**、**「○○の品格」**などがあります。

7　エピソードにタイトルをつけてみる

本に限りませんが、いろいろなものにタイトルをつける訓練は「ワードセンス」を磨く上でもひじょうに役に立ちます。「1」で紹介した「キャッチコピーをつける」のと似ていて、そのものの本質がしっかりつかめていないと、ぴったりのタイトルがつけられません。

私がおすすめしているのは、自分や人が持っているエピソードにタイトルをつける練習です。私たちは、人にエピソードを話すさい、タイトルは言いません。そもそもタイトルをつけていないし、その必要もないからです。

でも試しにタイトルをつけてみると、これから話そうとする話のポイントがクリアになり、相手の人にも伝わりやすいでしょう。

たとえば、こんなエピソードにみなさんならどんなタイトルをつけるでしょうか。

ある芸人さんがテレビのドッキリの企画で、落とし穴に落ち、大怪我をしてしまいました。ディレクターが謝りにくるのですが、実は入院中の様子もドッキリとして撮影されています。ですからディレクターが謝っているのは演技であり、本心ではありません。

「いやあ、穴を深く掘りすぎちゃいましてね」とヘラヘラしながらいいわけを言うディレクターに対して、むっとした芸人さんが返した言葉はなんでしょうか。

みなさんならどんな返しをしますか。正解は**「もぐらのいいわけかよ」**です。

私はこのコントに〈もぐらのいいわけ〉というタイトルをつけました。もともとこの話は「バイきんぐ」のコントです。コントのタイトルは「退院」です。コントですから、わかりやすいタイトルのほうがいいのでしょう。

でも「もぐらのいいわけ」も文学的で、内容を知りたくなるようなタイトルではないでしょうか。もしこんな本があったら読んでみたくなります。

このコントをつくったのは、「バイきんぐ」の小峠さんです。穴を深く掘りすぎという点で、「もぐら」をもってくるところまでは思いつく人もいるかもしれませんが、「もぐらのいいわけ」という「ワードセンス」は着想が面白いと思います。「もぐらかよ」ではなく「もぐらのいいわけかよ」で、面白さがぐっと際立つのです。

8 反射神経を磨こう

状況に合わせて間髪を入れず、言葉の返しができるのも「ワードセンス」に付随する能力です。運動反射神経とでも言えるでしょうか。これはもう地味に鍛えるしかありません。

友だちとの会話にいちいちツッコミを入れると、練習になりますが、ぜったいうるさがられるでしょう。

ですからみなさんには、テレビを見ながらツッコミを入れる練習をおすすめします。テレビならいくらツッコミを入れても、向こうから文句を言われることはありません。家族と一緒に見ている場合は、心の中でひそかにツッコミつづけてください。

何か言ったら、つっこむ。何か言ったら、つっこむ。このくり返しが筋トレのように、言葉の反射神経を鍛えます。

反射神経を磨くコツとして、ロックミュージシャンのダイヤモンド☆ユカイさんの例を紹介しましょう。

ユカイさんはロックバンド「レッド・ウォーリアーズ」のボーカルとしてデビューし、人気を集めましたが、ソロになって活動の場が狭まったので、テレビのバラエティ番組にも出演することにしました。

現場にいて気づいたのは、芸人さんたちが我先にと話題を取りにいくことでした。まるで格闘技のように出番を奪い合うガツガツした様子は、「まさにロックだ！」と感じたそうです。

自分もロックを始めた初心のころに戻って、負けないようがんばっているという話をしていました。ロック好きの方は、「ワードセンスはロックである」、と定義して、ロックの反射神経を磨くのだと考えると、やる気が燃え上がるのではないでしょうか。

まとめ

「ワードセンス」を磨く練習法はいろいろあります。自分ができるものから、楽しみながら始めてみましょう。

①身の周りのものにキャッチコピーをつけてみる
②人の特徴をつかんであだ名をつける
③自分にペームネームをつけ、実際につかってみる
④俳句や短歌に挑戦して言語感覚を磨く
⑤お笑い番組を見るときは芸人さんの「ワードセンス」に注目
⑥本やエピソードに自分なりのタイトルをつけてみる
⑦エピソードにタイトルをつけてみる
⑧テレビ番組にツッコミを入れて反射神経を鍛える

ワードセンス・クイズその1

様々なクイズを解いていくことで、ワードセンスを鍛えよう。
■には漢字、□にはひらがなまたはカタカナが入ります。

映画にタイトルをつけてみよう

問1 貧しい青年リプリーが、金持ちの友人をヨットの上で殺害。彼になりすましすべてを手に入れようとしますが……。この映画にどんな邦題がつけられたでしょう。

原題 “Plein Soleil”（直訳／炎天下）
邦題 『■■がいっぱい』

➡パトリシア・ハイスミスの“The Talented Mr. Ripley”（才能あるリプリー）が原作です。完全犯罪を確信したリプリーに、世界はどのように映ったでしょうか。一九六〇年、アラン・ドロン主演のこの映画は日本でも公開され、大ヒットしました。

答え　太陽

問2 真面目で堅物一辺倒だった英語の教授が旅一座の踊り子に夢中になり、転落していく様子を描いています。

原題　"Der blaue Engel"（直訳／青い天使）

邦題　『■□の天使』

⬇教養もプライドもある教授が旅一座の踊り子に恋をし、結婚します。彼女との生活を支えるため、旅一座に加わり、ピエロに扮して屈辱に耐える生活を送りますが、やがて踊り子の裏切りが発覚。教授はかつて自分が教えた教室で自死するというバッドエンドの映画です。原題の「青い」は憂鬱な気分をあらわすときにもつかいます。邦題はそこからの連想でしょう。

答え　嘆き

問3 恵まれない環境に育った少年が金持ちの少年と心を通わせますが、大人たちの無理解により少年鑑別所に送られることになります。

原題 "Les Quatre Cents Coups"（直訳／400回の打撃）

邦題 『大人は■□□□□□』

➡原題はフランスの慣用句で、無分別に生きることを言うそうです。主人公の少年は仲良くなった金持ちの友人と一緒に、友人の父のタイプライターを盗み、警察に通報されます。その後、少年鑑別所に送られますが、母親からは「ここがお似合いだ」とつき放され、鑑別所を脱走。海をめざします。大人たちの無理解が邦題のヒントです。

答え　判ってくれない

問4 ひょんなことから警官を殺してしまった泥棒が、パリに逃げ、知り合ったばかりの女性と気ままな時をすごしますが、女性から警察に通報されてしまいます。

原題 "A bout de souffle"（直訳／息切れ）

邦題『勝手に□□□□』

➡主人公の泥棒は警官殺しという大罪を犯しているにもかかわらず、そのことを後悔したり、逮捕におびえたりせず、自由に生きています。細かいことは気にせず、どうにでもなれ、という生き方が邦題のタイトルによくあらわれています。

答え　しやがれ

問5 ならず者のボニーとウエイトレスのクライドが、なりゆきにまかせて銀行強盗をくり返す実話。

原題 “Bonnie and Clyde”（直訳／ボニーとクライド）

邦題 『俺たちに■■はない』

⬇世界恐慌の時代に実際にあった銀行強盗の物語です。逃げ続けても、最後は追い詰められるのがわかっているのですから、二人の逃避行に未来はありません。最後は激しい銃撃を浴びて、息絶えるという壮絶な死を迎えます。二人の気持ちになってみると、将来はどう見えていたでしょうか。

答え　明日

問6 二〇世紀初頭のアフリカを舞台に、愛と冒険に生きた一人の女性の半生を描いた一大ロマンス映画。

原題 "Out of Africa"（直訳／アフリカを離れて）

邦題 『■と■□□の果て』

⬇原作は、デンマークの作家、アイザック・ディネーセンの『アフリカの日々』。美しいアフリカの大地で、様々な困難にぶつかりながらもたくましく生きていく女性の人生を、二つの相反する言葉でみごとに表していますね。

答え　愛、哀しみ

問7 火星に一人取り残された宇宙飛行士が、救助が来るまで厳しい環境で生き延びます。古代ギリシャの冒険物語を参考に邦題にしています。

原題 "The Martian"（直訳／火星人）

邦題 『□□□□□』

⬇映画のタイトルとなっている古代ギリシャの物語は、トロイ戦争に勝利した武将が、さまざまな苦難を乗りこえて、一〇年の月日をかけて故郷に凱旋するまでの冒険談です。この物語を知っているかどうか、教養が問われます。

答え　オデッセイ

第四章
「ワードセンス」の小技

この章では、気が利いたワードをつくる際の小技を集めてみました。うまい言葉が思いつかないときも、ここにあげた小技をつかえば、とりあえず「ワードセンス」のある言葉に変換できます。

小技をつかって、「ワードセンス」を磨いていきましょう。

1 「〜力」をつけるとポジティブに変換する

今まで否定的だと思われていた言葉に、「力」をつけると、反転してむしろいい意味に変わります。たとえば「老人」に「力」をつけて「老人力」にすると、ポジティブな意味合いが感じられます。

「老人力」は作家の赤瀬川原平さんが提唱したもので、同名の本も出しています。年をとることを積極的にとらえる概念です。

同様に「鈍感」に「力」をつけて**「鈍感力」**にすると、鈍感も捨てたものではない感じになります。「鈍感力」は作家の渡辺淳一さんが名付け、『鈍感力』という本も出されました。ネガティブなイメージだった「鈍感」がポジティブに変換したいい例です。

「失敗力」「怠惰力」「悲観力」など、なんでも「力」がつけられそうです。じつは私も四文字熟語に「力」をつけると、ネガティブなものが反転する『四字熟語力』という本を出したことがあります。

たとえば「四面楚歌」というと、周りがすべて敵になってしまうという悪い意味ですが、「四面楚歌力」にすると、敵に囲まれていてもがんばれるといういい意味に受け取れます。

「自画自賛」もふつうはやや恥ずかしいことですが、「自画自賛力」だと自己肯定力が高い前向きなイメージがあります。

「針小棒大」も小さなことを大げさにいう意味ですが、「針小棒大力」にすると、ささいなことを大きく面白く言える楽しい人のイメージになります。

「〜力」は、ネガティブな言葉だけでなく、ふつうの言葉にもつけられます。「質問力」「要約力」「語彙力」「雑談力」「段取り力」「読書力」……すべて私が出した本のタイトルです。

「力」をつけると、平凡な言葉でも何だかアカデミックなイメージに変わります。困ったら、言葉の最後に「力」をつけて、煙にまくやり方はあるかもしれませんね。

2 「~学」をつけると箔がつく

東大生の間で必読書となっている『思考の整理学』(ちくま文庫・一九八六年)という本があります。外山滋比古さんが書かれた本で、私もすぐに購入しました。

「整理学」という学問があるわけではありませんが、たんに「思考の整理」とするより、**「思考の整理学」**としたほうが、もやっとしたものがスッキリした感覚を受けます。

思考という抽象的なものを、ものを片づけるように整理するイメージが斬新なのでしょう。

それに「学」をつけることで、箔がつきます。『思考の整理学』は学者が書いているので、よけいにそのイメージが高まります。

そういえば、赤瀬川原平さん、南伸坊さん、藤森照信さんの本で『路上観察学入門』（ちくま文庫・一九九三年）というものがありました。道をふらふら歩いて、おもしろいものを見つけて楽しんでいるだけですが、**「路上観察学」**と言われると、何だかちゃんとした学問のような気がしてくるから不思議です。

先に紹介した「〜力」もそうですが、この「〜学」もワードの最後につけやすい言葉なので、とりあえずつけておけば権威づけにつかえます。覚えておくと便利な小技です。

3　「文章＋〜感」をつかうと表現力が増す

敗北感、絶望感など「〜感」をつけたワードはいくつかあります。これを単語ではなく文章にして、「文章＋〜感」にすると、表現にぐっと厚みが増します。

私が大好きなプロボクサーに井上尚弥選手がいます。彼がいかに強いかを示すものとして、ネットのコメントにこんな表現がありました。

「これが『イノウエ』ブランドだと思うね。勝ち星だけでは導き出されない、やる前から存在する『こいつには勝てない』感」

対戦する前にすでに「こいつには勝てない」感があるというのは、実際に会場で生で観戦した私にもわかる気がします。それくらい井上選手のオーラは迫力があります。

「文章＋～感」は比較的汎用性がきく組み合わせです。たとえば『トップガン・マーヴェリック』や『ミッション：インポッシブル』で主役を演じているトム・クルーズを「～感」をつかって表現するとしたら、なんと言うでしょう。

適当に「年齢を超越してヒーローの座を譲らない感」とする程度ならすぐにできそうな気がします。このように、なんでも文章にして、最後に「感」をつけてみると、自分だけのオリジナルな表現になっていきます。

4 「あえての長めの文章タイトル」は応用範囲が広い

長めの文章をタイトルにするのは、案外やりやすい方法です。たとえば、映画のタイトル。**「生きているうちが花なのよ死んだらそれまでよ党宣言」**、**「続・ボラット 栄光ナル国家だったカザフスタンのためのアメリカ貢ぎ物計画」**、**「ものすごくうるさくて、ありえないほど近い」**など。

アニメでは、**「あの日見た花の名前を僕達はまだ知らない」**、**「青春ブタ野郎はバニーガール先輩の夢を見ない」**、**「終末なにしてますか？ 忙しいですか？ 救ってもらっていいですか？」**など。長い小説のタイトルとしては『ロビンソン・クルーソー』の原題、**『遭難して他の船員が全滅した中で唯一助かってアメリカ海岸オリノコ河の河口近くの無人島で28年間たったひとりで生き抜いたヨーク生まれの船員ロビンソン・クルーソーの生涯とその驚くべき冒険。海賊に発見されるまでの一部始終を彼自身が書いた手記』**が有名です。長めの文章タイトルのよさは、あれこれ入れ込める所です。

ところで、いっとき、文章の最後に「〜的な？」をつけ、疑問形にして、ぼかす言い方がはやりました。自分の意見に自信がないときなど、いちおう全部言ってみて、最後に「〜的な？」あるいは「〜みたいな？」をつけておけば、どちらにころんでもいいように防衛線が引けます。

建設的な議論をしなければいけない場ではおすすめできませんが、友人同士で意見が対立してきたときなど、争いを避けたい場合には便利につかえる「ワードセンス」の小技です。

5 「悪魔の」をつけるとすごさが強調される

一九一一年にアメリカで出版された『**悪魔の辞典**』（アンブローズ・ビアス著）は世界中で翻訳されて、大ベストセラーとなりました。この本は、悪魔について書かれたものではなくて、いろいろな言葉の定義について、角度がついた解説がされているものです。

定義のしかたが悪魔的にひねくれた、ふつうではない解説だったので、「悪魔の」とつけたのではないでしょうか。

尋常ではない事柄について「悪魔の」とつける小技は、けっこうつかえるかもしれません。やみつきになるという意味で、あるコンビニが「悪魔のおにぎり」を発売したところ、ヒットしたこともありました。

「悪魔のピザ」「悪魔のサラダ」「悪魔の企画書」「悪魔の営業」など、いろいろ応用できそうです。

6 「そして」をつけて余韻効果をねらう

一九八〇年代にヒットした曲に『**そして僕は途方に暮れる**』というシングルがありました。ミュージシャンの大沢誉志幸さんの曲で、のちに同名の映画や舞台も上映・上演されました。「僕は途方に暮れる」だけでも十分ドラマチックですが、「そして」

がつくことでより余韻が生まれ、物語に厚みが増してきます。「そして」がつくものはほかにもあります。ミステリー作家として有名なアガサ・クリスティの作品に『**そして誰もいなくなった**』がありますし、本屋大賞を受賞した瀬尾まいこさんの作品は『**そして、バトンは渡された**』です。内山田洋とクール・ファイブの歌に『**そして神戸**』というものもありました。

このように接続詞の「そして」を上手につかうと、しゃれた雰囲気になります。

接続詞つながりでいくと、「〜と〜」でつなげる方法もあります。「と」という接続詞は、ものすごくよくつかわれるもので、「犬と猫」「空と海」などあまりに一般的すぎてしまって、どこが「ワードセンス」なの？　と思われるかもしれません。

でも抽象概念を「と」で結ぶと、思いのほかかっこよくなることがあります。『**高慢と偏見**』はイギリスの作家ジェイン・オースティンの作品です。原題は"Pride and Prejudice"。結婚をめぐって起こるさまざまな障害を描いています。

作品を読まないと、何が「高慢」で何が「偏見」かわかりません。同意語でも反意語でもない二つの抽象概念を「と」で結んだことで、本のタイトルの向こう側にある物語が広がります。この古典的名作を踏まえたタイトルとして、辻村深月さんの『**傲慢と善良**』があります。

『**冷静と情熱のあいだ**』は作家の江國香織さんと辻仁成さんが、それぞれ女性、男性の視点から物語を描いたことで評判になりました。同名の映画もつくられています。

ふたつの抽象概念を「と」で結んだだけで、奥行きのあるかっこよさが生まれます。

7　有名なもの同士をくっつけてしまう

サザンオールスターズのヒット曲に『**勝手にシンドバッド**』という作品があります。あまりに有名なので、私たちはサラリと聴いてしまいますが、よく考えると、不思議な曲名です。

この曲の歌詞を見ても、どこにも「勝手に」も「シンドバッド」も出てきません。それなのに、なぜこんな曲名がついたのでしょうか。

一説によると、当時はやっていた沢田研二さんの『勝手にしやがれ』とピンク・レディーの『渚のシンドバッド』をくっつけたものだといわれています。

また、ドリフターズの志村けんさんがネタとしてつかっていた言葉を拝借した、という説もあります。

どちらにしても、曲名から連想されるのは『勝手にしやがれ』と『渚のシンドバッド』というなじみのあるワードなので、すっと頭に入ってくる特徴があります。有名なものにのっかって、その言葉を複数くっつけてしまい、新しい言葉にするのは、なかなか手堅い方法です。

8 命令形を頭に持ってくると、勢いがつく

『およげ！たいやきくん』は一九七五年にテレビの子ども番組からヒットした曲です。日本で一番売れたレコードといわれています。

このタイトルも、「ワードセンス」としては秀逸でした。これがたんに『たいやき

くんの歌』だったら、そこまでインパクトはなかったと思います。「命令形＋何々」という形が注目を集める要因になったのです。

太宰治の作品『走れメロス』もこの形式にあてはまります。ただの『メロス』というタイトルにするよりは、頭に「走れ」と命令形をつけるだけで勢いのあるタイトルに変わります。**『走れコータロー』**、**『走れ正直者』**もあります。

『がんばれベアーズ』、**『がんばれタブチくん』**も同系統です。

命令形のインパクトを生かして、成人式の日に新聞に出した飲料メーカーレッドブルの広告は衝撃的でした。**「くたばれ　正論」**という文字が大きく踊っていたのです。

これを真に受けて、成人式の式場で大暴れしてしまっては困りますが、レッドブルの真意は、自由に生きろということです。「くたばれ」という命令形に強いメッセージが伝わってきます。

宮崎駿監督の『もののけ姫』のキャッチコピーは、そのものズバリ**「生きろ。」**でした。有名なコピーライターの糸井重里さんの作品ですが、プロデューサーの鈴木敏夫さんのＯＫがなかなか出ず、五〇案くらいのコピーのやりとりがあって、ようやくこの言葉に決まったそうです。

「生きろ。」という命令形のコピーは、「もののけ姫」のテーマがよく伝わっているということで宮崎駿さんも絶賛したそうです。

このように命令形を頭に持ってくると、強いメッセージが伝わります。何かを訴えたいときは、命令形を頭にもってくるという「ワードセンス」の小技を覚えておきましょう。

9 倒置法をつかってみる

主語と述語をひっくり返す倒置法は、比較的やりやすい小技です。平凡な文章でも、主語と述語をひっくり返すだけで、引きの強い文章になります。

たとえば「彼女は待ち合わせに遅れた」という文章を倒置法に置き換えると、「待ち合わせに遅れた。彼女は」になり、ちょっとした物語が生まれます。

私が好きなのは中森明菜さんの『**飾りじゃないのよ涙は**』という曲です。井上陽水さん作詞作曲のこの曲を中森明菜さんが『夜のヒットスタジオ』で歌ったときは、井上陽水さんと玉置浩二さんを含む安全地帯のみなさんがバックコーラスにつき、まるで夢のような組み合わせでした。「私は泣いたことがない」で始まるフレーズに、思わず私が泣きそうになってしまったほどです。

この曲のタイトルが『涙は飾りじゃないのよ』だったら、平凡で面白くありません。中森明菜さんに歌ってもらうなら、やはり倒置法で『飾りじゃないのよ涙は』くらいインパクトがあるタイトルでなくてはいけません。

ある種の力強さ、メソメソ泣いて男の人に媚《こび》を売る弱さとは正反対の独立した生き方がうかがえます。

「ワードセンス」がある言葉をつくりたいと思ったら、一度、文章の主語述語をひっくり返してみましょう。新しい境地が開けるかもしれません。

10　文語体をとりいれてみる

タレントでモデルの滝沢カレンさんは、言葉のチョイスがユニークで、抜群の「ワードセンス」を持っていると私はひそかに尊敬しています。

以前、何かの番組で「好きな言葉は？」と聞かれたカレンさんが、何と答えたのかというと**「無きにしもあらず」**と答えたのです。ふつうは「好きな言葉は？」と聞かれたら、「とくにないです」と言うか、「初志貫徹」とか「誠実さ」などと面白みのないことを言ってしまいそうです。

しかしカレンさんの返答は「無きにしもあらず」というまさかの文語体。周囲の予想を裏切りました。

このように、ふつうの文章でつかえそうな文語体のフレーズをいくつか用意しておくと、意外なひと言として強い印象を与えられるでしょう。

「憤懣やるかたなし」「過ぎたるはなお及ばざるがごとし」「背に腹は代えられぬ」

「怒髪天をつく」「〜でそうろう」「〜たまふことなかれ」「〜に〜されし」などの文語体をふだん使いしてみると、面白いかもしれません。

文語体つながりでいくと、芸人さんの「すゑひろがりず」の和製英語が「ワードセンス」にあふれています。彼らは和服姿で登場し、昔風の言葉で話すのを芸風としています。当然英語は和製の日本語に言い換えて話します。その言い換えが絶妙に面白いのです。

一例をあげると、

「セクハラ」→**「色強制」**
「ホラー映画」→**「肝冷し活動絵巻」**
「E.T.」→**「宇宙土偶」**
「ラ・ラ・ランド」（映画のタイトル）→**「祖・祖・祖国」**

中でも私が一番笑ったのは「タイタニック」です。「すゑひろがりず」は**「屋形船大谷丸」**と訳しています。「タイタニック」を「大谷丸（だいたにまる）」にしたところに彼らの「ワードセンス」を感じます。

文章のどこかを和製英語に変えるだけでも、ユーモアが効いていて面白いでしょう。試してみる価値はありそうです。

11　定型文を覚えてあてはめよう

俵万智さんの「サラダ記念日」という短歌はたいへん有名になりました。**「「この味がいいね」と君が言ったから七月六日はサラダ記念日」**という一首です。

ふつう記念日というと何か特別なことがある日のことですが、「君がいいね」と言ったからサラダ記念日になるのなら、どんな日でも記念日にできそうです。

この定型文を覚えておくと、どこでもつかえます。「君と視線があったから、今日は私のハッピーデー」とか「会議でいい意見がたくさん出たから、今日はみんなの団結記念日」など、何でも応用できます。

「今日は～だったから、～の記念日だよ」と言うと、ちょっと気が利いた感じがします。

同様に応用範囲の広い定型文として、「人生で大切なことはすべて～で学んだ」というものがあります。これはアメリカの作家ロバート・フルガムの『**人生に必要な知恵はすべて幼稚園の砂場で学んだ**』から派生している文章です。

「何々はすべてどこそこで学んだ」というフレーズは、状況、立場、性別、年齢を問わず、誰でもひじょうに使い勝手がいい上に、くだらないことでも、ちょっとアカデミックで、学がある印象を与えます。

「人生で大切なことはすべて漫画から学んだ」でもいいし、「英会話に必要なものはすべてネットフリックスから学んだ」でもいいでしょう。

すぐつかえるよう、定型文をいくつかプールしておくと、何かのときにそれらしいひと言が言えます。

参考までに私が好きな定型文は「**私は私を肯定する**」です。これは種田山頭火の「蜘蛛は網張る私は私を肯定する」からきています。

「一晩中飲んだくれる。私は私を肯定する」とか「今日も失敗した。私は私を肯定する」とか、何でも好きなように入れられます。

ネガティブな題材に対して、そのあとに「私は私を肯定する」と入れておけば、また歩きだせるようになる前向きの「ワードセンス」です。

もうひとつ、有名な定型文を。相田みつをさんの「**つまづいたっていいじゃないかにんげんだもの**」です。

「〜したっていいじゃないか。人間だもの」を覚えておくと、微妙な空気になった場を転換させる言葉としてつかえます。

12 リズムをつけてくり返す

リズミカルに言ってみると、センスのいい言葉に聞こえることがあります。「ワードセンス」にはリズムも大事です。

ミュージシャンの久保田利伸さんとナオミ・キャンベルさんがデュエットした**「LA・LA・LA LOVE SONG」**という歌がヒットしました。「ラララ」とくり返すところがたいへんスタイリッシュでおしゃれです。

RADWIMPSというバンドが語った**「前前前世」**も、「ぜんぜんぜんせ」とくり返す歌詞が心地よい歌です。大人気のアニメ映画『君の名は。』のテーマ曲につかわれ、映画ともども大ヒットしました。

このふたつに共通するのはくり返しのところの三または四のリズムです。日本には**「しょう、しょう、しょうじょうじ」**や**「ぼ、ぼ、ぼくらは少年探偵団」**のように、三または四のリズムでくり返す歌のパターンが昔からありました。体にしみこんだリズムなので、親しみがわきます。タタタまたはタタタタというくり返しで言葉を言ってみると、リズミカルになります。

13　ミドルネームや号をつけて呼んでみる

日本では昔から「号」をつける習慣もありました。**夏目漱石**は本名の夏目金之助より文豪らしい感じになりますし、**石川啄木**も本名の石川一《はじめ》より啄木のほうが雰囲気がある名前になります。

啄木がなぜ「啄木」という名前を選んだのかというと、故郷の岩手の村にいたとき、静かな森の奥から聞こえるキツツキのカンカンと木を打つ音が心にしみいるように感じて、これにしたそうです。印象に残るセンスがあります。

森鷗外の本名は森林太郎。こちらも立派な名前ですが、作家としては鷗外のほうが重みが感じられます。ちょっとした号をつければ、別の人格があるようでおもしろい人間に思われるかもしれません。

号をつけるハードルが高いときは、ミドルネームをつけるのでもいいと思います。名前にミドルネームを入れると、モダンな雰囲気に早変わりします。

ミュージシャンの佐野元春さんは、自分のニックネームを一時期、「Moto 'Lion' Sano」としていたそうです。いかにもロックスターらしい名前ですね。

ミドルネームはあだ名ほど気をつかわなくてもいいので、わりと簡単につけられます。「宮本バカボンド武蔵」とか「桜木バスケットマン花道」でもいいし、好きな英語の名前を入れて、「齋藤ファンタスティック孝」などと自分を名付ければ、覚えやすいし、自分も楽しくなりますよね。

私の授業では、ニックネーム的ミドルネームを付けて覚え合ってもらうことがあります。十数年もそのミドルネームを覚えていたりします。

14 擬音語、擬態語で煙にまく

ユニークな擬音語、擬態語を入れると、ひと味違う「ワードセンス」の持ち主に思われる可能性があります。

擬音語で印象的なのは中原中也の『山羊の歌』の「サーカス」です。空中ブランコがゆれるさまを「**ゆあーん　ゆよーん　ゆやゆよん**」と表現しているのですが、ブランコを見て、ゆあーん、ゆよーん、ゆやゆよんと表せる人がほかにいるでしょうか。さすが詩人の表現力です。

宮沢賢治も擬音語、擬態語を効果的につかった作家です。『風の又三郎』では、冒頭に「**どっどど　どどうど　どどうど　どどう**」と風が吹くさまが描かれています。風の音だとふつうは「ヒューヒュー」とか「ごおー」と表現してしまいそうですが、そこをあえてほかの擬音語であらわしていて、新鮮な感じを受けます。

同じく宮沢賢治の『雪渡り』という作品では、こおった雪の上を雪ぐつで歩く音を「**キックキックトントン**」と表しています。「キュッキュ」とか「ギシギシ」ではなく、「キックキックトントン」は独特の言い回しです。

さらに『やまなし』という作品では蟹の兄弟が川底で「**クラムボンはかぷかぷわらったよ。**」と話しています。「クラムボン」が何かはわかりませんが、「かぷかぷわらう」という表現が面白いですね。

このように擬音語、擬態語は比較的自由な表現が可能です。一風変わったユニークな擬音語、擬態語をつけて、ふつうの表現と差をつけてみましょう。意外と簡単にできる小技です。

15 日本語を外国語に置き換える

日本語の単語を単純に英語に置き換えるだけ。それだけのテクニックですが、緊急避難的につかえることがあります。

「少しはなれてください」だときつい場合、**「〜もう少しパーソナルスペースを」**とか**「ソーシャルディスタンスで」**とすると、やわらかくなります。「感覚が今の時代とズレている」を、**「感覚をアップデイト」「基準をバージョンアップ」**などとすることもできます。

神経質ではなく、**ナーヴァス**。過敏でなく、**センシティブ**。いろいろ表現がありま す。

カタカナを混ぜておくと、ライトで今風な雰囲気になります。しかし多用しすぎると、浅薄でいやみな感じになるので注意しましょう。

16 人の気を惹くひと言を持ってくる（高度）

ここからは少し高度な「ワードセンス」の小技です。

『人生がときめく片づけの魔法』（近藤麻理恵著・サンマーク出版・二〇一〇年）という本は秀逸なタイトルがつけられています。「ワードセンス」あふれる典型例といえましょう。

また少し前になりますが、**『さおだけ屋はなぜ潰れないのか？』**（山田真哉著・光文社新書・二〇〇五年）という本もベストセラーになりました。二つの本に共通するのは、人の気を惹く具体的なワードの一点突破方式という点です。

片づけに魔法がついて、しかも人生がときめく経験など、私はしたことがありません。このワードを見ただけで「何だろう？」と興味を惹かれます。

さおだけ屋の本も、まさかさおだけ屋の専門書か？　とちょっと驚いてページをパラパラめくると、さおだけ屋の本ではなかったというギャップがあります。「何？　何？」と人の気を惹くワードを置いて、それだけでは意味が通じていなくても、強引に突破していくやり方です。

これはやや高度な小技です。成功すると、ひじょうにインパクトのある「ワードセンス」として評価されますが、失敗すると目も当てられません。自分だけが悦に入るトンチンカンなワードを並べて、イタいすべり方をします。

しかし失敗を通して人は成長していきます。最初から人を惹きつけるワードが言える人間などどこにもいません。盛大にスベるのを承知で、めげずにトライしてみましょう。その失敗が必ず未来の糧《かて》になっていきます。

17　対立する概念を並列して言う（高度）

「まず～い、もう一杯！」という青汁のCMを覚えていらっしゃる方もいるかもしれません。悪役商会の八名《やな》信夫さんがこわもての顔で青汁を飲み干し、顔をしかめる印象的なＣＭです。

自分のところの商品を「まずい」と言い切るだけでも驚きですが、それほどまずい商品を「もう一杯」とおかわりするところが二度驚きです。対立する概念を並列して述べたところに驚きがあったわけです。

アメリカの俳優トミー・リー・ジョーンズが演じる缶コーヒーのＣＭ**「このろくでもない、すばらしき世界。」**も、「ろくでもない」と「すばらしき」という対立する概念を並べたＣＭです。

ろくでもないのに、すばらしい。どういうことだろうと、引っかかるところに「ワードセンス」の工夫があるわけです。

また「ろくでもない」という言い方にも「ワードセンス」が感じられます。「馬鹿らしい」や「くだらない」ではない、「ろくでもない」というワードチョイスが「すばらしき」というありきたりな言葉を際立たせています。

通常はありえない概念を並列させることで驚きを呼ぶ小技は、意外につかえるでしょう。

昔、まだ私が小学生だったころ、**「象が踏んでも壊れない」**筆箱のCMがはやりました。象が踏んだらふつうは壊れるだろう、と思うのですが、壊れないとしたところに、たいへんなインパクトがありました。

アームの筆入という商品でしたが、本当にこわれないのか、自分たちで実験した思い出があります。机の下に筆箱を置き、机に男子が五人くらい乗ってみたところ、本当にびくともしませんでした。

「本当だ！　こわれないよ！」とみんなで大騒ぎしたのを覚えています。小学生の男子は、まったくくだらないことをして喜ぶものです。

18 元の言葉をアレンジする（高度）

バカリズムさんという芸人さんは、独特の「ワードセンス」の持ち主です。この才能を生かして、コントのネタだけでなく、脚本を書いたり、俳優としても登場するなど多方面で活躍しています。

バカリズムさんの言葉で面白いと思ったのが、**「称賛転嫁」**というワードです。人に責任を押しつける「責任転嫁」という言葉はよくつかわれますが、バカリズムさんの場合は「称賛転嫁」であって、ほめられたことをほかの人に転嫁するという意味です。

たとえば誰かにほめられて、「いやいや。どうもありがとうございます」と返すと、そこで話が終わってしまい、微妙な空気が流れます。

そんなとき、すかさずほかの人をほめ、「誰々さんのおかげですよ、と称賛転嫁します」と言っておくと、ほめられて照れくさい空気からも逃れられます。

「称賛転嫁」は「責任転嫁」という言葉のアレンジですから、元の言葉を知らないと何を言っているのかわかりません。ちょっと知的な雰囲気を感じさせるところがなかなか高度な小技です。


元の言葉のアレンジの例をあげると、私のことで恐縮ですが、テレビの報道番組でつくった俳句があります。大日本印刷が速読を助けるレイアウトを開発したというニュースについて読んだ句が次のようなものです。

「観見の流れよくするレイアウト」

これは宮本武蔵の『五輪書』を引用してつくったもので、冒頭の「観見」とは大きく見るのが「観」、小さく見るのが「見」。敵に勝つにはこの二つの目が必要だという話からの引用です。

我ながら、うまくアレンジできたと思ったのですが、『五輪書』が高尚すぎてほとんど誰にも伝わらず、微妙な感じでした。アレンジする元の言葉は、誰でも知っている有名なものにしたほうが安全です。

19 存在しない慣用句をつくってみる(高度)

これもかなり高度な小技です。以前、『水曜日のダウンタウン』という番組で、「バイきんぐ」の小峠さんが、存在しない言葉を会話の中に混ぜていき、相手がそれに気づくかどうか検証するコーナーをやっていました。

このときは相手の人もやはり存在しない言葉を入れて返すという構成で、大変高度なやりとりでした。

小峠さん考案の慣用句をざっと羅列すると**「それじゃあまるで裸鎧《はだかよろい》だろう」「老婆のケジメじゃねえか」「幡ヶ谷暴動」「突貫工事日和」「ゾンビ逃がし」「三半規管の悪あがき」**など、よくもまあこれだけのものを瞬間的に思いつくものだ、と感心するしかありませんでした。

「老婆のケジメ」と言われると、そんな慣用句があるような気がしてきます。やりとりの文脈の中で、何となくニュアンスが伝わってしまうので、「そんな言葉があったかなあ」と自然に受け入れてしまいますが、まったく存在しない言葉です。

新しいワードをつくるという意味では、まさに高度な「ワードセンス」の技です。

まとめ

気が利いた言葉を言うための小技をまとめました。「ワードセンス」がなくても、小技をつかえば、「ワードセンス」がある人に見えます。

①「～力」をつけると否定語も肯定語に
②「～学」をつけるとアカデミックなイメージに
③文章の最後に「～感」をつけると表現力が増す
④「～的な」は応用範囲が広いので便利
⑤「悪魔の～」はすごさが強調できる
⑥あえて「そして」をつけて余韻効果をねらう
⑦誰でも知っている言葉同士をくっつけてひとつのワードをつくる
⑧命令形で始めると強い印象に
⑨主語と述語の順序を反対にすると印象が強まる
⑩わざと文語体にすると面白い
⑪定型文を覚えておいてあてはめると便利

⑫リズミカルにくり返すと親しみやすい
⑬ミドルネームや号をつけておしゃれに
⑭擬音語、擬態語をつけると差別化できる
⑮日本語の単語をあえて外国語に置きかえるとマイルドになる
⑯人の気を惹くひと言を入れる
⑰対立する概念をあえて並列して驚きを呼ぶ
⑱元の言葉をアレンジして新しい言葉をつくる
⑲新たな慣用句を自分でつくってしまう

ワードセンス・クイズその2

詩歌の中に出てくる言葉を考えてみよう

問1 肺結核で病床にある正岡子規が、自分では見ることができない雪の深さを、家族にたずねている俳句です。

□□□□も雪の深さを尋ねけり

⬇すべてひらがなです。雪の様子を確かめたくても、自分はできない。寝たきりのもどかしさを想像してみましょう。正岡子規は明治時代に活躍した俳人、歌人です。肺結核のため三四歳の若さで病死しています。

答え　いくたび

問2 岐阜県の長良川で行われていた鵜飼を初めて見た松尾芭蕉の感想です。鵜飼見物のあと、暗い夜道を帰る芭蕉の心情を想像してみましょう。

面白うてやがて■□□鵜舟かな

⬇この句をつくる時、芭蕉はある謡曲を思い浮かべたといわれています。それは禁漁中に漁をして、川に沈められた鵜匠の話です。鵜匠の亡霊があらわれて、鵜飼の技を見せ、やがて名残惜しそうに闇夜に消えていくさまが歌われています。この謡曲がヒントです。

答え　悲しき

問3 政治家が「一丁目一番地」という言葉を使いたがることを川柳にしてみましょう。

政治家は□□■■に本丸へ（齋藤孝作）

➡最初の二文字はひらがな後ろの二文字は漢字です。「一丁目一番地」はまっ先にやらなくてはいけないことを言います。

ちなみに「いの一番」は建築用語で、一番はじめに建てる柱のことです。横方向は「い・ろ・は……」、縦方向は、「一・二・三……」と、柱の位置の番号が決められていました。

答え　いの一番

問4 石川啄木が少年の心を歌った有名な短歌です。（石川啄木『一握の砂』「煙」）

不来《こず》方《かた》のお城の草に寝ころびて／■に吸はれし／■■の心

➡「不来方城」は盛岡城のことです。まだ一五歳だったころ、お城の草むらに寝ころぶと、大空が見えて、自分の心も吸われてしまったようだった、と歌っています。後ろの■■には漢数字が入ります。

答え　空、十五

問5 佐藤春夫が禁じられた恋を歌った詩です。（佐藤春夫『殉情詩集』所収の『海辺の恋』）

こぼれ松葉をかきあつめ／□□□のごとき君なりき、／こぼれ松葉に火をはなち／□□□のごときわれなりき。

⬇両方ともひらがなが入ります。詩人の佐藤春夫は谷崎潤一郎の妻と大恋愛の末、結婚します。この詩は二人が知り合ってまもなくのころを詠んだものです。許されぬ恋に燃える恋愛を想像しながら考えてみましょう。

答え　をとめ、わらべ

問6 一八歳のランボーが放浪を繰り返していたときの詩です。（アルチュール・ランボー『永遠』）

また見つかった、何が、■■が、海と溶け合う太陽が（小林秀雄訳）

⬇なかなかかっこいい言葉、漢字二文字が入ります。すでに一六歳で詩人として注目されていたランボーのみずみずしい感性があふれ出るような言葉です。余談ですが、ランボーは二〇歳で詩を含めて文学をいっさいやめ、二六歳でアフリカへ。武器商人になったあと、三七歳で病死します。生き方そのものがドラマチックな人です。

答え　永遠

第五章

シーン別「ワードセンス」のある切り返し方

切り返し方のパターンを知っておこう

この章では、シーン別に「ワードセンス」がある切り返し方の例をみていきましょう。多くは切り返しのプロである芸人さんの言葉から拾っています。あくまでも一例ですので、そのままつかえない場合もありますが、「こういう角度で切り返すのだ」という視点がわかれば、ふだんのワードの選び方でもヒントになります。

私は日頃から芸人さんのツッコミやコメントに注目していて、面白いものはメモをとっています。

芸人さんではありませんが、元NMB48メンバーの渋谷凪咲さんの大喜利におけるワードセンスは天才的です。YouTube の「NOBROCK TV」などをご覧いただければと思います。

実際にそのままつかうことはほとんどありませんが、つねにアンテナを立てておくことで、「ワードセンス」の視点が磨かれていきます。

1　場がしらけたり、失敗したりして、微妙な雰囲気になったとき

＊「すべってもすべってもすべった勢いで立ち上がる。芸人だもの（営業だもの、接客だもの、父親だものなど、状況に合わせて言い換える）」

↓テレビ番組で小峠さんが相田みつをさん風の文字で、この言葉を書いたとき、私はお腹を抱えて笑ってしまいました。相田みつをさんの「ワードセンス」は素晴らしいのですが、それに乗っかって、まねしてつくったものもすばらしいセンスです。

＊「なんて日だ！」「焼き払え！」「燃やせ！」

↓いずれも小峠さんのきめぜりふです。「なんて日だ！」はそのままでもつかえますが、「なんて美だ！」「なんて具だ！」「なんて部だ！」など言い換えてつかうこともできるでしょう。

＊「餅つき」

↓ネットにあったエピソードです。残業続きで疲れ切っていた女性は、満員の帰宅ラッシュでつり革につかまったままウトウトしていたそうです。突然、手がすべって、前に座っていたスーツのおじさまの頭に思い切り「パチーン！」とヒット。シーンと静まり返った車内で、誰かが「餅つき」と言い、大爆笑の渦に包まれたそうです。一触即発の険悪なムードのとき、うまい一言があると、状況が一八〇度変わります。

2　間違いを指摘されたとき

＊「大事件ですよ」

↓「博多華丸・大吉」というお笑いコンビはNHKの「あさイチ」のMCをつとめていますので、ご存じの方も多いのではないでしょうか。「あさイチ」でかたく閉まった瓶のふたをあける方法を紹介し、スタジオで実際にアナウンサーがやってみたときのことです。いくらがんばってもあけることができません。焦る一同に対して大吉さんが言った言葉です。

「たいへんですね」「どうしましょ」などありきたりのワードではなく、「大事件ですよ」と言ったところに大吉さんの「ワードセンス」を感じます。

予想外の失敗で場がかたまったとき、あえて「たいへんです。大事件が起きました」「これは大事件です」などと言うと、その大げさ感がユーモラスで、雰囲気がやわらぎます。

＊「ごめんなさい！　ここ日本でしたね」

↓これも「あさイチ」で大吉さんが言った言葉です。冒頭で曜日を間違って挨拶してしまったのですが、視聴者から指摘があり、すかさず海外によく行くセレブのようにこの言葉を言いました。生放送で間違えてもパニックにならず、穏やかな口調でパッとセンスある言葉が出てくるのが、さすが大吉さん。ものすごい頭の回転力と「ワードセンス」の持ち主です。

3 対象を否定したり、断ったりするとき

＊頭に「ノー」をつける

↓これは小峠さんのコントの中によく出てきます。頭にノーをつけて「ノーゾンビ」「ノー金持ち」など、否定する対象をあらわします。

「ノー」をつけるだけなので簡単ですし、否定されても軽い感覚で受け取れます。

「今日はノー残業で」「ノー注意でお願いします」「ノー部長で」などいろいろつかえて、便利なワードです。

＊「メジャー感がないところですね」

↓「バイきんぐ」のコントに出てきました。マイナーなものをあらわすとき、「さびれてますすね」「しょぼいですね」などそのものズバリに言うと、角が立ちます。

でも「メジャー感がないですね」といえば、メジャーかマイナーかという議論では

なく、メジャー感があるかないかという話になるので、論点がやわらぎます。けなさずに状況を伝えるには、ひじょうにいい言い方です。

＊「おれはいいけど、YAZAWAが何というかな」

↓ミュージシャンの矢沢永吉さんの有名な言葉です。矢沢さんの「ワードセンス」は昔から定評がありました。『成りあがり』という本を読むだけでも「ワードセンス」の名言がたくさん出てきます。

「おれはいいけど、ＹＡＺＡＷＡが何というかな」は、ホテルの部屋がスイートではなくツインで用意されていたときの言葉だと言われています。矢沢永吉という人格が二つあって、ミュージシャンのＹＡＺＡＷＡについて別人格のように話すのが面白いところです。

本田圭佑さんは移籍の理由を「心の中のリトル本田に聞いた」と表現しました。私たちも、「心の中のリトルさいとうに聞いてみます」などと使えそうです。

4　ひどい状態をいうとき

＊「ひどい」を**「グダグダ」**に言い換える
↓ふだんでもわりとつかわれています。「ずいぶんひどい段取りですね」というところを「グダグダですね」と言えば、少しやわらかくなります。「ワードセンス」はネガティブなものを表現するときに、本領を発揮します。

＊経験値の少ない比喩をもってくる
↓私たちが経験したことがないものを比喩としてもってきて、状態をあらわすと新鮮なワードになります。「バイきんぐ」の小峠さんはグダグダした状態のことを**「詩の朗読会か」**とつっこんでいました。

私は詩の朗読会に参加したことがありますが、独特のゆったりした間があって、ちょっと持て余す人がいるかもしれません。詩の朗読会という言葉自体があまりつかわれませんし、行った経験がある人も少ないでしょう。このように比喩としてまったく想定外のものを持ってくると斬新な「ワードセンス」になります。

同じく小峠さんの比喩でむだな作業のことを**「外国の刑務所か」**とつっこんでいたこともありました。外国の刑務所がどんなところか知っている人はほとんどいませんし、本当にむだな作業をしているのかもわかりません。私たちがよく知らないものを逆手にとって比喩として持ってくるのは相当高度な「ワードセンス」です。

5 対象をぼかしたいとき

＊「そっち系の方ですか」

↓「サンドウィッチマン」のコントから拾った言葉です。「暴力団の方ですか」とか「反社の方ですか」と言うと笑いが起きにくいのですが、「そっち系」というと、あからさまに言わないので笑えるという「ワードセンス」です。

このように直接名指しをせずに、「あちら」とか「そちら」という方向を示す言葉であらわすと、何となくふんわりした言い方になります。いくつか候補があるワードの中からセレクトする力も「ワードセンス」といえます。

6 相手の気を惹きたいとき

＊「夢でよかったー!　って思った話なんやけど」

↓千原ジュニアさんという芸人さんの言葉です。テレビで面白い実話を話す『松本人志のすべらない話』の常連ですが、この人のテクニックのひとつが、話の冒頭に気を惹くひと言を持ってくることです。

いきなり「こんなことがあってね」で始めるより、「夢でよかったと思った話なんだけど」と冒頭でふりを持っていくと、より興味が惹かれます。

＊「知ってるつもりやったけど、実はぜんぜん勘違いしてたことってない?」

↓これも千原ジュニアさんの冒頭のひと言です。質問形で始めると、いやでも会話に参加させられるので、話に注目してもらえます。テクニックとして持っておきたい話の始め方です。

＊「〜で〇〇する件」

↓メールの件名のつけ方について、ひと言ふれておきます。仕事がら、私はたくさんのメールをいただきますが、「新企画の件」「お願いについて」など、ありきたりの件名がついていると、読みとばしてしまったり、あとで検索しようにも、件名が似ていてうまく出てこないことがあります。

件名に工夫をこらすと、「ワードセンス」がある人だな、と評価してもらえるのではないでしょうか。私が参考にしているのは日本テレビ系で放送している『月曜から夜ふかし』という番組です。

この番組では「何々の件」という件名をつけて調査するコーナーが人気です。「眠らない街で個人的ニュースを聞いてみた件」とか「街行く人のリアルな孤独のグルメを調査した件」など件名をうまくつけるのが番組の売りになっています。

ビジネスメールではさすがに大喜利的な件名をつけるのはまずいでしょうが、件名に工夫をこらして、「幕張にて展示会お打ち合わせの件」とか「中高生向けに教養力をつける新企画の件」など、具体性を持たせたものにすると、印象に残り、後で検索もしやすくなります。

7 人を励ます切り返し方

＊「今、笑った人を見返してあげなさい」

↓『あさイチ』のある番組コーナーでリポーターを務めていた俳優さんが、番組を卒業することになりました。卒業後の目標を「役者として精進し、朝ドラや大河を含め、いろいろな作品に出たい」と語ると、スタジオから笑い声が起きました。

するど大吉さんが「今、スタジオで笑ったスタッフさんを見返してあげなさい！」とエールを送ったのです。温かで、人間味があり、かつ「ワードセンス」のある切り返し方です。こんな励まし方ができる人間になりたいですね。

＊「愛は非売品です。もし売っていたら何かの罠です」

↓東京農工大の生協に勤めている白石昌則さんは、学生からのどんな質問にも真摯に答えてくれることで有名です。その返しが上手なので、『生協の白石さん』（講談社・二〇〇五年）という本まで出版されています。

「愛は売っていないのですか？」という学生の質問に対しては「どうやら愛は非売品のようです。もし、どこかで販売していたとしたら、それは何かの罠かと思われます。くれぐれもお気をつけください」と答えています。

ただ面白い答えを言うのではなく、学生に対して気をつけることをきちんと伝えているところが、なかなかの「ワードセンス」の持ち主です。

＊「その言葉、俺にも言ってみろよ」

↓ラジオ番組に寄せられた投稿の中のあるエピソードです。小学生のとき、クラスで仲良くしていたＫ君はスポーツ万能の優しい子でした。

あるとき投稿者が公園でいじめられていると、待ち合わせをしていたK君があらわれて、いじめっ子に対して「その言葉、俺にも言ってみろよ」と言ったそうです。その一喝でいじめっ子は立ち去っていきました。正義感にあふれたかっこいいひと言です。

まとめ

状況に合わせた切り返しワードを覚えておくと、いざというとき便利です。

①しらけた場の空気を変えるワード

相田みつを風のフレーズや「なんて日だ」「焼き払え」「燃やせ」など過激な言葉を勢いよく言う。パンチの音を「餅つき」というなどとっさの冗談で切り抜ける。

②間違いを指摘されたとき

「たいへんです」と言うかわりに「大事件ですよ」とあえて大げさに言ったり「ここ、日本でしたっけ」ととぼけたりする。

③否定したり断るとき
頭に「ノー」をつけたり、「メジャー感がない」「私はいいけど○○は何と言うか」と言ってやんわりぼかす。
④ひどい状態を言うとき
「ひどい」を「グダグダ」に置き換えたり、経験したことがないものをたとえに持ってくるとマイルドになる。
⑤対象をぼかすとき
「そっち系」「あちら系」など、方向を示す言葉をつかうとぼかせる。
⑥相手の気を惹くひと言
「夢でよかったという話なんですが」「〜した経験はありませんか」などマクラになる言葉を冒頭に持ってくる。メールでは件名を具体的にするなど工夫する。
⑦人を励ますとき
「笑った人を見返しなさい」「その言葉、私に言ってみなさい」など、毅然としたワードが頼りになる。

センスが光るコメントに挑戦しよう

問1 東京五輪をめぐり、大会組織委員会の理事がスポンサー企業から賄賂を受け取ったというニュースが報道されたとき、ネットにこんなコメントがのりました。

□□□□□オリンピックの始まりだ。

➡さわやかなスポーツの祭典の裏で賄賂のお金が飛び交っていたというのは、暗いニュースですが、それを笑いで包んでしまうような楽しいコメントに救われた気がします。スポーツの祭典の裏で、どんなオリンピックが行われていたか考えてみましょう。

カタカナ5文字が入ります。

答え　スポンサー

問2 カリフォルニア州知事選の選挙活動中、アーノルド・シュワルツネッガーさんが演説中に反対派から生卵をぶつけられました。シュワちゃんは顔色ひとつ変えずに、上着についた卵をぬぐって、こう言いました。

□□□□も一緒に寄こせよ。

⬇生卵と一緒にほしいものはなんでしょう。カタカナ4文字です。シュワちゃんのこの答えはなかなかのユーモアセンスに富んでいます。生卵で服が汚されて、不愉快に決まっているのに、その怒りをぐっとおさえて、こんな楽しい冗談を言えるのは、さすがです。当意即妙な受け答えがその人物の器の大きさを示しています。

答え　ベーコン

問3 気候変動によって、五〇年後には木々の植生がまったく異なっているという植物学者の意見について、イギリスのエリザベス女王が返した言葉は。

「(そのころに) 私はここに□□□ですけどね」

➡エリザベス女王と親しい植物学者のデイビッド・アッテンボローが気候変動について話していたときのことです。五〇年後、ここの木々もまったく異なる種類になっているという話のあと、女王は数秒ほど無言になって、この言葉を返したそうです。アッテンボローは声を出して笑いました。女王はよくジョークを言ったそうですが、「ワードセンス」にあふれる切り返しです。

一九八六年、エリザベス女王がニュージーランドを訪問し、卵を投げつけられた時、「ニュージーランドは乳製品が有名ですが、私は朝食にニュージーランドの卵を食べるのが好きです」と発言しました。

答え　いない

問4 昭和天皇が記者から「好きな力士は？」と聞かれて返した言葉です。

■■■の秘密です。

⬇昭和天皇は相撲好きで知られていました。ひいきの力士もいたはずですが、その名前はけっして口にされませんでした。天皇が自分の好みを言ってしまってはたいへんです。といって、「ノーコメント」で通すのも味気ないもの。漢字三文字のこの答えは、ユーモアとウィットにあふれる人間味のある返しです。権威がある人ほど柔らかいジョークを言うことで、周りもほっとなごやかな空気に包まれます。

答え　職業上

問5 海上自衛艦「かしま」にイギリスの豪華客船「クイーン・エリザベス」が接触したとき、謝罪に訪れた「クイーン・エリザベス」の関係者に対して「かしま」の艦長が答えた言葉は。

■■■■にキスされて光栄です。

⬇アメリカの独立記念日を祝うため、多くの艦船がニューヨーク港に集結したさい、接触事故が起きました。すぐに「クイーン・エリザベス」の船長の謝罪のメッセージが「かしま」に届けられたのですが、対応した「かしま」艦長の答えがたいへん気が利いていて、各国でニュースとして伝えられたほどです。■には漢字が入ります。誰にキスされて光栄だと思うのかがヒントです。

答え　女王陛下

問6 ウィンブルドンでの試合中、観客席から「僕と結婚して」と声をかけられたシュテフィ・グラフ選手が返した言葉です。

How □□□□ □□□□□ do you have?

➡試合中にもかかわらず、笑って即座に返答したというからたいしたものです。これには伏線があって、グラフ選手は実父の脱税事件がニュースでとりあげられていました。このトラブルを逆手にとった表現です。英語の単語が二つ入ります。

答え　much　money

問7 ピッチャーとしてマウンドに立った大谷翔平選手が強烈なピッチャーライナーを捕ったさい、「適当に手を出したら捕れた」という彼のコメントを通訳の水原一平さんは何と訳したでしょうか。

ボールがグローブを■□□□くれた。

⬇原文は英語です。大谷選手のコメントをそのまま英訳すると英作文になってしまいますが、一平さんは英語的な発想で、見事な英語に訳しました。ボールがスポッとグローブに入った様子を表現してください。

答え　見つけて（found）

問8 報道陣から「不倫とかけてどう解くか」と聞かれた落語家の六代目三遊亭円楽師匠は、「今東京湾を出て行った船と解く」と答えました。その心は。

■■の真っ最中です。

⬇落語家の三遊亭円楽師匠に不倫が発覚しました。記者会見の席で報道陣から、「不倫とかけてどう解くか」と謎かけをもちかけられ、その回答がさすがでした。言葉を商売にしている人だけに、笑いを誘う「ワードセンス」と言えます。

答え　航海（※後悔とひっかけています）

問9 神田神保町で長くつづいた老舗書店が、建て替えで一時閉店することになりました。それを知らせる横断幕に書かれたワードです。

いったん□□□を挟みます。

➡お茶の水の駿河台下交差点にあった三省堂本店が建て替えのため、一時閉店することになりました。大きな横断幕が掲げられたのですが、そのコピーがいかにも本屋さんらしい気が利いたものでした。

答え　しおり

問10 ある人が架空の「猿酒」を注文しました。さて「猿酒」をどんな飲み方で注文したでしょうか。（『中島らもエッセイ・コレクション』から）

猿酒。■を少しにして。

⬇テレビで芸人さんのギャグに出てきた話だそうです。ショットバーに何人かで行き、各自お酒を注文しました。「ウォッカ・マティーニ。ドライで」「ジン・ライム。ダブルで」などめいめいがお酒を注文し、最後の人がオチで「猿酒」を注文したのです。「猿酒」までなら、ふつうのずっこけですが、そのあとの飲み方で笑ってしまいました。さて「猿酒」をどんな飲み方で注文したのでしょう。

答え　猿

問11 元なでしこジャパン主将の澤穂希さんが、二〇〇八年の北京オリンピックでチームメイトにかけた言葉は？

「苦しい時は私の■■をみて」

➡二〇一一年のドイツワールドカップでMVPと得点王になった澤穂希さんの名言。「苦しい時間帯はみんな同じです。だけど、その苦しい時こそ〝私は最後まで諦めない。絶対に走り続ける〟というキャプテンシーがありました。（略）行動で示すために究極の時にこの言葉をかけました」と、後のインタビューで語っています。

答え　背中

問12 タレントの滝沢カレンさんが、生まれる前に別れてしまったウクライナ人の父親との関係について語った言葉は。

超□□□□な生き別れというやつです。

➡滝沢カレンさんのお父さんは、母親がカレンさんを妊娠中に一人でウクライナに帰国してしまったそうです。ふつう生き別れというとつらかったり、悲しいものだと思いますが、カレンさんはそうはとらえていませんでした。すべてカタカナが入ります。

答え　ハッピー

芸人さんのツッコミを考えてみよう

問1 働きづめに働いているメイド喫茶の料理人について、つっこんだ言葉は。（「バイきんぐ」小峠英二）

おまえ、□□□□□□みたいに働いてるな。

⬇「バイきんぐ」のコントが出典です。相方の西村瑞樹さんがメイド喫茶の料理人を演じています。朝から晩までずっと働きつづけている料理人に対して、小峠さんがはなったひと言はなんでしょう。ヒントは『ファーブル昆虫記』です。すべてカタカナが入ります。

答え　フンコロガシ

問2 突然、家でジグソーパズルをやろうと誘われたとき返した言葉は。(「バイきんぐ」小峠英二)

なに? その□□□□□□□な誘いは。

⬇やはり「バイきんぐ」のコントにあった言葉です。みなさんなら、友だちから「家でジグソーパズルをやろう」といきなりの誘いを受けたとき、何と言って切り返しますか。小峠さんは断るニュアンスも伝えられるおしゃれなワードをつかっています。すべてカタカナが入ります。

答え　アバンギャルド

問3 「鳥っぽい顔だね」と言われて、返した言葉は。（「フットボールアワー」後藤輝基）

誰が鳥やねん。ベランダで■■□□やろうか

➡「フットボールアワー」というコンビの後藤輝基さんはツッコミの名人と言われています。「鳥っぽい顔」と言われて、それを否定するのではなく、のっかっていく答え方です。最初の■はひらがな三文字で読む漢字が入ります。

答え　卵生んで

問4 ギャップがありすぎることを称して、何かにたとえた言葉。（「フットボールアワー」後藤）

■■差がありすぎて■がキーンとなるわ。
■■差がありすぎて■■ひくわ。

⬇ギャップがあることをほかのことに置き換えてつっこんでいます。なかなか思いつかないたとえです。ギャップ＝差があることですから、その連想で考えてみましょう。

答え　高低、耳、温度、風邪

問5 八〇歳の現役ストリッパーが引退しました。最後の舞台で言った言葉は。（フジテレビ系『IPPONグランプリ2015年』大会より）

■□□しました。

➡「ネプチューン」というお笑いトリオの堀内健さんが答えた回答です。私はテレビを見ていて大笑いしてしまいました。芸人さんの発想の柔軟さに脱帽です。八〇歳のストリッパーがなぜ引退しなければならなかったのか、あり得なそうな理由を考えてみましょう。

答え　親ばれ

第六章 文学作品にみる高度な「ワードセンス」

文学作品は高度な「ワードセンス」であふれている

日本人の中でいちばん高度な「ワードセンス」の持ち主は誰かといったら、文豪たちです。彼らの作品は何年にもわたって読み継がれ、人々に感動を与えつづけてきました。

「ワードセンス」の塊といえる文豪と聞いて、最初に思い浮かぶのは誰でしょうか。私は紫式部です。紫式部の代表作『源氏物語』は全部で五四帖ありますが、そのタイトルだけ見ても、すさまじい「ワードセンス」にあふれています。

まず**「桐壺」**から始まり、**「帚木《ははきぎ》」「空蝉《うつせみ》」「夕顔」「若紫」「末摘花《すえつむはな》」「花散る里」**など美しい言葉が並びます。たとえば「空蝉」というのはそういう名前の人がいたわけではなく、光源氏に言い寄られた美しい人妻が、薄い衣を脱ぎ捨てて去っていく。脱いだ衣が蝉の脱け殻のようだったので、その章には「空蝉」というタイトルがつけられ、ヒロインの女性は「空蝉」と呼ばれるようになりました。

「若紫」は光源氏に見初められた少女がそう名付けられ、成長して「紫の上」になります。源氏最愛の女性は義理の母である「藤壺」で、藤の花も紫です。つまり重要な女性には「紫」という字、または紫ゆかりの名前をつけているのです。

そういえば、自分自身も紫式部という名前ですから、「紫」という言葉ひとつとっても、その文字やイメージを使いこなしていたわけです。

ちなみに紫式部は、源氏物語が有名になり、そのヒロイン「紫の上」にちなんでのネーミングです。

この女性にはこういう名前がふさわしいというネーミングや、女性を美しく見えるように際立たせた「ワードセンス」と言えましょう。

タイトルだけでなく、本文も優れています。冒頭のところ「いづれの御時にか、女《にょう》御《ご》、更衣あまたさぶらひ給ひける中に、いとやんごとなき際にはあらぬが、すぐれてときめき**給**ふ有りけり」の出だしが有名です。

「すぐれてときめき給ふ」とは、「ワードセンス」あふれる表現のしかたです。一つ一つの言葉がきらびやかに輝いている、その時代の「ワードセンス」の極みが、宝のように今も残っています。これだけの作品が、シェークスピアよりも前、千年以上も昔に日本で長篇小説として描かれたのですから、素晴らしいとしかいいようがありません。

もっとも上手な日本語をつかうプロたちの作品にふれていれば、おのずと「ワードセンス」も磨かれます。大谷翔平選手やイチローさんとキャッチボールをすれば、技術も上達するでしょう。

「ワードセンス」に注目して作品を選びましたので、ぜひ彼らの胸を借りて日本語の力を磨いてください。

✝『小さき者へ』（有島武郎）

お前たちは私の斃れた所から新しく歩み出さねばならないのだ。然しどちらの方向にどう歩まねばならぬかは、かすかながらにもお前達は私の足跡から探し出す事が出来るだろう。

小さき者よ。不幸な而《しか》して同時に幸福なお前たちの父と母との祝福を胸にしめて人の世の旅に登れ。前途は遠い。而《しか》して暗い。然し恐れてはならぬ。恐れない者の前に道は開ける。

行け。勇んで。小さき者よ。

↓これは子どもたちのお母さんが早くになくなってしまったあとに、子どもたちを勇気づけるために有島武郎が書いたといわれています。お母さんが書いた手紙とセットになっています。

「ワードセンス」として注目するのは、自分の子どもに対して「**小さき者**」という呼び方をしている点です。わが子なら名前で呼ぶのがふつうでしょう。それをわざわざ「小さき者よ」と呼ぶことで、自分の子どもではありますが、もう少し大きい視野で存在をとらえている感じがします。

そして子どもたちはまだ小さいけれど、勇気を持ってすすんでいってほしいという励ましの言葉になっています。

†『最後の一句』（森鷗外）

「はい。」

「お前の申し立てにはうそはあるまいな。もし少しでも申した事に間違いがあって、人に教えられたり、相談をしたりしたのなら、今すぐに申せ。隠して申さぬと、そこに並べてある道具で、誠の事を申すまで責めさせるぞ。」佐佐は責め道具のある方角を指さした。

いちはさされた方角を一目見て、少しもたゆたわずに、「いえ、申した事に間違いはございません」と言い放った。その目は冷ややかで、そのことばは徐かであった。

「そんなら今一つお前に聞くが、身代わりをお聞き届けになると、お前たちはすぐに殺されるぞよ。父の顔を見ることはできぬが、それでもいいか。」

「よろしゅうございます」と、同じような、冷ややかな調子で答えたが、少し間を置いて、何か心に浮かんだらしく、「お上の事には間違いはございますまいから」と言い足した。

佐佐の顔には、不意打ちに逢ったような、驚愕の色が見えたが、それはすぐに消えて、険しくなった目が、いちの面《おもて》に注がれた。憎悪を帯びた驚異の目とでも云おうか。しかし佐佐は何も言わなかった。

→森鷗外のこの小説は、仲間の罪を一身に背負って死罪を命じられた父親を助けようと、子どもが立ち上がった話です。主人公のいちはこの家の長女です。父の命を助けてもらうかわりに、自分たち子どもを死罪にしてほしいと、奉行所に願い出ます。

役人は、子どもをつかって死罪を逃れようとする大人の入れ知恵だと邪推し、いちを脅して白状させようとしますが、いちは毅然とした態度を変えません。

「おまえたちはすぐに殺されるぞ」と言う役人に「よろしゅうございます」と答え、さらに**「お上の事には間違いはございますまいから」**と付け加えます。これはお上に対する強烈な批判でもあり、皮肉でもあります。

役人には「不意打ちに逢ったような、驚愕の色が見えた」と書いてありますから、いちの強力なメッセージが役人に突き刺さったのでしょう。運良く、父親は恩赦の対象になって、無事死罪御放免になり、子どもたちも死罪を免れます。

最後の一句でお上に一矢むくいたということで、タイトルをこのワードにかけた、なかなかに味がある小説になっています。

鷗外は漢学の素養があるため「ワードセンス」にあふれた名文を書いています。文章はどこをとっても格調高い味わいがありますから、ぜひ読んでみてください。

†『杯』(森鷗外)

一人の娘が又こう云った。

「馬鹿に小さいのね。」

今一人が云った。

「そうね。こんな物じゃあ飲まれはしないわ。」

今一人が云った。

「あたいのを借《か》そうかしら。」

愍《あわれみ》の声である。

そして自然の銘のある、耀く銀の、大きな杯を、第八の娘の前に出した。

第八の娘の、今まで結んでいた唇が、この時始て開かれた。

"MON《モン》. VERRE《エエル》. N'EST《ネエ》. PAS《パア》. GRAND《グラン》. MAIS《メエ》. JE《ジュ》. BOIS《ボア》. DANS《ダン》. MON《モン》. VERRE《エエル》"

沈んだ、しかも鋭い声であった。

「わたくしの杯は大きくはございません。それでもわたくしはわたくしの杯で戴きます」と云ったのである。

↓森鷗外のこの小説は、自分は自分のやり方で生きていくという宣言を示したものです。

泉のほとりで七人の少女たちが大きな銀の杯で水を飲んでいます。そこへ八番目の少女がやってきます。彼女は青い目、金髪の異邦人で、持っているのは黒い小さな杯です。

「そんな小さな杯じゃ水を飲めないわよ。私のを貸そうかしら」と馬鹿にしたように、一人の少女が言うと、八番目の少女は毅然とした態度で断ります。

「私は私の杯で飲みます」。実際にはフランス語で言ったのですが、意志はしっかり伝わっています。それくらい毅然とした態度だった、という内容です。

鷗外が生きていた時代は自然主義的な小説が主流でした。しかし鷗外は、自然主義という大きな銀の杯ではなく、自分のやり方で小説を書く、と宣言したのです。「杯でいただく」というワードに、自分は自分のやり方で生きていくという強いメッセージがこめられています。

†『風と光と二十歳の私と』（坂口安吾）

私が彼の方へ歩いて行くと、彼はにわかに後じさりして、

「先生、叱っちゃ、いや」

彼は真剣に耳を押えて目をとじてしまった。

「ああ、叱らない」

「かんべんしてくれる」

「かんべんしてやる。これからは人をそそのかして物を盗ませたりしちゃいけないよ。

どうしても悪いことをせずにいられなかったら、人を使わずに、自分一人でやれ。よいことも悪いことも自分一人でやるんだ」

彼はいつもウンウンと言って、きいているのである。

↓作家の坂口安吾は二〇歳のとき、小学校の代用教員を務めたことがあります。無頼派で知られる作家ですが、教員時代は自信にあふれ、太陽の讃歌のようなものがいつも響いているような明るくて、前向きな先生だったと語っています。

そんな先生ですから、弱い子をそそのかして盗みをやらせた子どもに対して、力強いメッセージを伝えることができました。

どうしても悪いことをしたくなったら、自分一人でやれ。つまり自分の行動に責任を持て、ということです。本当は悪いことをしないのが一番ですが、悪いことをせずにはいられなくなったら、というところが坂口安吾らしい説教です。

人間はすべていいことだけをして一生暮らせるわけではありません。しかたなく悪いことをすることはあっても、ずるをして人のせいにしたり、他の人間を巻き込んだりせず、自分一人の責任でやれ、というのはかっこいいワードです。

†『学者アラムハラドの見た着物』（宮沢賢治）

ブランダと呼ばれた子はすばやくきちんとなって答えました。

「人が歩くことよりも言うことよりももっとしないでいられないのはいいことです。」

アラムハラドが云いました。

「そうだ。私がそう言おうと思っていた。すべて人は善いこと、正しいことをこのむ。善と正義とのためならば命を棄《す》てる人も多い。おまえたちはいままでそう云う人たちの話を沢山きいて来た。決してこれを忘れてはいけない。人の正義を愛することは丁度鳥のうたわないでいられないと同じだ。セララバアド。お前は何か言いたいように見える。云ってごらん。」

小さなセララバアドは少しびっくりしたようでしたがすぐ落ちついて答えました。

「人はほんとうのいいことが何だかを考えないでいられないと思います。」

アラムハラドはちょっと眼をつぶりました。

↓学者のアラムハラドは子どもたちを教える先生です。あるとき子どもたちに鳥が飛ばずにいられないように、「人間は何をしないではいられないのか」という問いを出しました。

ブランダという子どもが「人はいいことをしないではいられない」という、アラムハラドが望んでいた正解を答えました。しかしセララバアドという子どもが何か考え込んでいます。

意見を言わせてみると、**「人は何がいいことか考えないではいられない」**と答えるのです。本当にいいこととは何か？　本当の正義とは何か？　を考え続けること。これはアラムハラドが想定していた答えより、いっそう深いものです。

アラムハラドは感銘を受けて目をつぶったという物語です。人は何をしないではいられないのか、という問いに対する答えが、とてもいい話になっています。

†『風琴と魚の町』（林芙美子）

「おッ母さん！　もう晩な、何も食わんとかい？」

「もう、何ちゃいらんとッ、蒲団にはいったら、寝ないかんとッ」

「うどんば、食べたじゃろが？　白か銭ばたくさん持っちょって、何も買うてやらんげに思うちょるが、宿屋も払うし、薬の問屋へも払うてしまえば、あの白か銭は、のうなってしまうがの、早よ寝て、早よ起きい、朝いなったら、白かまんまいっぱい食べさすッでなア」

座蒲団を二つに折って私の裾にさしあってはいると、父はこう言った。私は、白かまんまという言葉を聞くと、ポロポロと涙があふれた。

「背丈が伸びる頃《ころ》ちゅうて、あぎゃん食いたかものじゃろうかなア」

「早よウ、きまって飯が食えるようにならな、何か、よか仕事はなかじゃろか」

父も母も、裾に寝ている私が、泪《なみだ》を流しているということは知らぬげであった。


↓林芙美子が尾道に行ったばかりのころの話です。薬の行商で暮らす一家は貧困をきわめていました。白いご飯をお腹一杯食べることが、主人公の少女の夢です。風琴というのはアコーディオンのことで、お父さんが薬を売りながらアコーディオンで宣伝の歌を歌っていたのでしょう。

「私は、白かまんまという言葉を聞くと、ポロポロと涙があふれた」と書いているところがとくに印象に残ります。このワードにとても大きな重みがあります。

育ち盛りの貧しい家の子どもにとっては、これほどまでに力のある言葉だったわけで、当時の厳しい暮らしが想像できます。しかしこの作品に暗さはありません。尾道の町のことを「風琴と魚の町」とあらわしている「ワードセンス」も秀逸です。

貧困にあえぐ生活ですが、新しい土地での経験がみずみずしい感性と詩情あふれる文章で書かれた美しい小説です。

✝**『老妓抄』（岡本かの子）**

「フランスレビュウの大立者の女優で、ミスタンゲットというのがあるがね」

「ああそんなら知ってるよ。レコードで……あの節廻しはたいしたもんだね」

「あのお婆さんは体中の皺《しわ》を足の裏へ、括《くく》って溜めているという評判だが、あんたなんかまだその必要はなさそうだなあ」

老妓の眼はぎろりと光ったが、すぐ微笑して

「あたしかい、さあ、もうだいぶ年越の豆の数も殖えたから、前のようには行くまいが、まあ試しに」といって、老妓は左の腕の袖口を捲って柚木の前に突き出した。

「あんたがだね。ここの腕の皮を親指と人差指で力一ぱい抓《つね》って圧《おさ》えててご覧」

↓年をとって蓄財もできた芸妓が、若い青年に目をかけ発明家として成功させようとします。小さな家を与え、工房もつくってやるのですが、恵まれた生活を送るうちに青年は発明に対する意欲を失い、ときどき出奔するようになります。

私が面白いと思ったのは、老芸妓と青年の会話です。青年がフランスの老女優の話題を出し、彼女は体中のしわを足の裏にまとめて留めているらしい、と話します。

すると老芸妓は自分の腕を相手につかませ、下から引っ張って肌をピンとさせます。年はとっていても、肌にハリがあるということを証明してみせるのです。

しわを足の裏に集めて留めるという表現がたいへん面白く、「ワードセンス」にあふれていますし、自分の腕を若い男につかませて、「まあ試しに」と肌のはりを証明する老妓のプライドもたいしたものです。

✝『草枕』(夏目漱石)

茶色のはげた中折帽の下から、髯だらけな野武士が名残り惜気に首を出した。そのとき、那美さんと野武士は思わず顔を見合せた。鉄車はごとりごとりと運転する。野武士の顔はすぐ消えた。那美さんは茫然として、行く汽車を見送る。その茫然のうちには不思議にも今までかつて見た事のない「憐れ」が一面に浮いている。

「それだ！　それだ！　それが出れば画になりますよ」

と余は那美さんの肩を叩きながら小声に云った。余が胸中の画面はこの咄嗟の際に成就したのである。

↓この文章は『草枕』のラストシーンです。あらすじを簡単に紹介すると、ある画家が温泉宿に逗留しています。その宿の若女将、那美さんは出戻りのたいへん美しい女性です。

しかし、つねに人を小馬鹿にする表情を浮かべ、情感がありません。それゆえ、那美さんから自分の絵を描いてほしいと頼まれた画家は、その申し出を断ってしまうのです。

あるとき、この地に落ちぶれた野武士のような男性があらわれます。那美さんの別れた夫でした。満州に行って一旗あげるので、金を貸してほしいと那美さんに頼みにきたのです。主人公の画家は那美さんが男に財布を渡すところを目撃してしまいます。

那美さんの親戚が満州に行くことになりました。汽車が出るホームで、親類を送りに来た那美さんは、偶然前夫を見つけて二人は見つめ合います。そのとき那美さんの顔に「憐れ」の表情が浮かんだのを見て、主人公の画家は思わず、その表情なら画《え》になる、と叫ぶのです。

『草枕』は冒頭の「智に働けば角《かど》が立つ。情に棹《さお》させば流される。意地を通せば窮屈だ。」が有名ですが、私はこのラストシーンも好きです。

美人だがつかみどころのない那美さんが、前夫と別れる瞬間に憐れが顔に出た。**「憐れが一面に浮いている」**という表現が、さすが文豪といわれる夏目漱石の「ワードセンス」です。

†『硝子戸の中《うち》』（夏目漱石）

女の告白は聴いている私を息苦しくしたくらいに悲痛を極めたものであった。彼女は私に向ってこんな質問をかけた。――

「もし先生が小説を御書きになる場合には、その女の始末をどうなさいますか」

私は返答に窮した。

「女の死ぬ方がいいと御思いになりますか、それとも生きているように御書きになりますか」

私はどちらにでも書けると答えて、暗に女の気色《けしき》をうかがった。女はもっと判然《はっきり》した挨拶を私から要求するように見えた。私は仕方なしにこう答えた。――

「生きるという事を人間の中心点として考えれば、そのままにしていて差支《さしつかえ》ないでしよう。しかし美くしいものや気高いものを一義において人間を評価すれば、問題が違って来るかも知れません」

「先生はどちらを御択《えら》びになりますか」

私はまた躊躇した。黙って女のいう事を聞いているよりほかに仕方がなかった。

「私《わたくし》は今持っているこの美しい心持が、時間というもののためにだんだん薄れて行くのが怖くってたまらないのです。この記憶が消えてしまって、ただ漫然と魂の抜殻《ぬけがら》のように生きている未来を想像すると、それが苦痛で苦痛で恐ろしくってたまらないのです」

私は女が今広い世間《せかい》の中にたった一人立って、一寸《いっすん》も身動きのできない位置にいる事を知っていた。そうしてそれが私の力で、どうする訳にも行かないほどに、せっぱつまった境遇である事も知っていた。私は手のつけようのない人の苦痛を傍観する位置に立たせられてじっとしていた。

私は服薬の時間を計るため、客の前も憚《はば》からず常に袂時計を座蒲団の傍《わき》に置く癖をもっていた。

「もう十一時だから御帰りなさい」と私はしまいに女に云った。女は厭な顔もせずに立ち上った。私はまた「夜が更けたから送って行って上げましょう」と云って、女と共に沓脱に下りた。

その時美くしい月が静かな夜を残る隈なく照《てら》していた。往来へ出ると、ひっそりした土の上にひびく下駄の音はまるで聞こえなかった。私は懐《ふところ》手《で》をしたまま帽子も被らずに、女の後に跟《つ》いて行った。曲り角の所で女はちょっと会釈して、「先生に送っていただいてはもったいのうございます」と云った。「もったいない訳がありません。同じ人間です」と私は答えた。

次の曲り角へ来たとき女は「先生に送っていただくのは光栄でございます」とまた云った。私は「本当に光栄と思いますか」と真面目に尋ねた。女は簡単に「思います」とはっきり答えた。私は「そんなら死なずに生きていらっしゃい」と云った。私は女がこの言葉をどう解釈したか知らない。私はそれから一丁ばかり行って、また宅の方へ引き返したのである。

むせっぽいような苦しい話を聞かされた私は、その夜かえって人間らしい好《い》い心持を久しぶりに経験した。そうしてそれが尊《たつ》とい文芸上の作物を読んだあとの気分と同じものだという事に気がついた。有楽座や帝劇へ行って得意になっていた自分の過去の影法師が何となく浅ましく感ぜられた。

↓この話は私がとても好きなエピソードのひとつです。おそらく漱石自身と思われる作家のもとに突然女性が訪ねてきます。そして自分のことを小説に書いてほしいといいます。女性は壮絶な過去を語ったあと「先生ならこの先の女の人生をどう書きますか」と聞きます。

返答に困っているうちに夜も更けてきたので、主人公は女性に帰宅をうながし、途中まで送っていくことにします。

「先生に送っていただいてはもったいない。光栄です」という女性に、「本当に光栄だと思うなら、死なずに生きていらっしゃい」と主人公はいいます。そして別れたあと、自分ながらにいいことをしたという思いにひたるのです。

私は**「そんなら死なずに生きていらっしゃい」**という言葉がとても好きです。温かさがあふれる言葉です。

今死にたいと思っている人はけっこういます。そういう人に何とか思い止まってもらおうといろいろな人が努力をしているのですが、私はとくに坂口恭平さんという方の活動に驚いてしまいました。

坂口さんは『苦しい時は電話して』（講談社）という本を出していて、本の帯に何と本人の携帯番号をのせているのです。しかも本の表紙はTシャツを着た本人が写っていて、そのTシャツにも携帯番号が書いてあります。

私はその本を見たときに「えっ」と二度見してしまいました。本人と直接つながる携帯に電話することで死なずにすんだ人もいるのではないでしょうか。

漱石の「〜だと思うなら、死なずに生きていらっしゃい」というのはなかなかに強く、しかも温かいメッセージをこめた「ワードセンス」だと思います。

†『病床六尺』（正岡子規）

○病床六尺、これが我世界である。しかもこの六尺の病床が余には広過ぎるのである。

僅かに手を延ばして畳に触れる事はあるが、蒲団の外へまで足を延ばして体をくつろぐ事も出来ない。甚だしい時は極端の苦痛に苦しめられて五分《ごぶ》も一寸《いっすん》も体の動けない事がある。

↓正岡子規は日本を代表する俳人の一人です。若くして肺結核になり、寝たきりの生活を送ったあと、三四歳で病死します。

晩年はふとんの外に足をのばせないほど、病状が悪化しました。ふつうなら愚痴三昧、不平満載になりそうなところを、自分がいる世界を**「病床六尺」**と呼び、ここが「広すぎる」と表しました。病床六尺が「我世界」だとすると、ふつうに歩き回れる私たちは、なんと幸せでしょうか。

病床にありながらも、そこを**「我世界」**として、自由にものを考え、表現できる正岡子規のメンタルの強さと「ワードセンス」はさすがです。

✝『おじいさんのランプ』（新美南吉）

「ちえッ」と巳之助は舌打ちしていった。「マッチを持って来りゃよかった。こげな火打《ひうち》みてえな古くせえもなア、いざというとき間にあわねえだなア。」

そういってしまって巳之助は、ふと自分の言葉をききとがめた。

「古くせえもなア、いざというとき間にあわねえ、……古くせえもなア間にあわねえ……」

ちょうど月が出て空が明るくなるように、巳之助の頭がこの言葉をきっかけにして明るく晴れて来た。

巳之助は、今になって、自分のまちがっていたことがはっきりとわかった。——ランプはもはや古い道具になったのである。

↓新美南吉は『ごんぎつね』が有名ですが、『おじいさんのランプ』もなかなかいい作品です。蔵にあった古いランプを見つけた子どもたちに、おじいさんになった巳之助が自分の半生を聞かせる話です。

ランプを売って商売を成功させた巳之助は、村に電気が引かれることになり、廃業の危機に迫られます。巳之助は電気の導入を決めた区長を逆恨みして家に放火しようとします。しかし火打ち石ではなかなか火がつかず、「こんな古くさいもの」と悪態をついたとき、自分の間違いにはっきり気がつくのです。

「古くさせえものなア間にあわねえ」という言い方が、「ワードセンス」としても優れていますし、深い意味も感じられます。

時代はどんどん進んでいくので、時代にあわせてこちらも変えていくしかありません。昔はよかったと思っても、もう昔には戻れないのです。

大学の授業も様変わりしました。コロナの最中はオンラインで授業をし、最初はどうなることか心配でしたが、意外なメリットも発見できました。一〇〇人のクラスでも、一秒もかからずに、グループ分けができ、しかも何度もシャッフルができて、ものすごい数のディスカッションが成立したのです。

授業の終わりには、全員が知り合いの状態になっていました。リアルの授業では考えられないことです。

対面でなければ教育はできないという人もいますが、「それでは間に合わない」ということになれば、積極的に新しい方法をとりいれてみる必要があります。巳之助おじいさんのように、すっぱり自分の商売をやめるという決断も大切です。

†『風立ちぬ』（堀辰雄）

「そうよ、お仕事をなさらなければいけないわ。お父様もそれを心配なさっていたわ」彼女は真面目な顔つきをして返事をした。「私なんかのことばかり考えていないで……」

「いや、お前のことをもっと考えたいんだ……」私はそのとき咄嗟に頭に浮んで来た或る小説の漠としたイデエをすぐその場で追い廻し出しながら、独り言のように言い続けた。「おれはお前のことを小説に書こうと思うのだよ。それより他のことは今のおれには考えられそうもないのだ。おれ達がこうしてお互に与え合っているこの幸福、――皆がもう行き止まりだと思っているところから始っているようなこの生の愉しさ、――そう云った誰も知らないような、おれ達だけのものを、おれはもっと確実なものに、もうすこし形をなしたものに置き換えたいのだ。分るだろう？」

「分るわ」彼女は自分自身の考えでも逐《お》うかのように私の考えを逐っていたらしく、それにすぐ応じた。が、それから口をすこし歪めるように笑いながら、「私のことならどうでもお好きなようにお書きなさいな」と私を軽く遇《あしら》うように言い足した。

私はしかし、その言葉を率直に受取った。

「ああ、それはおれの好きなように書くともさ。……が、今度の奴はお前にもたんと助力して貰わなければならないのだよ」

「私にも出来ることなの？」

「ああ、お前にはね、おれの仕事の間、頭から足のさきまで幸福になっていて貰いたいんだ。そうでないと……」

↓『風立ちぬ』は堀辰雄自身の経験を書いた小説と言われています。主人公は、肺結核で入院する婚約者に付き添って、高原のサナトリウムで過ごすことになります。残された日々を生と死を見つめながら、二人でせいいっぱい生きる物語です。

私が素晴らしいと思ったのは**「頭から足のさきまで幸福になっていて貰いたいんだ」**というワードです。ふつうは「幸福になってもらいたい」「幸せでいてほしい」という言い方をするでしょう。

でも作者はそれでは足りません。「頭から足のさきまで」幸福になっていてもらいたい。そして相手の女性ができる「助力」は何かというと、彼女が幸福になること。それが自分に小説を書かせる原動力になるのだ、と作者は言っています。強くて愛にあふれた「ワードセンス」です。

†『新樹の言葉』（太宰治）

とんと肩をたたかれた。振りむくと、うしろに、幸吉兄妹が微笑して立っている。

「あ、焼けたね。」私は、舌がもつれて、はっきり、うまく言えなかった。

「ええ、焼ける家だったのですね。父も、母も、仕合せでしたね。」焔の光を受けて並んで立っている幸吉兄妹の姿は、どこか凜として美しかった。「あ、裏二階のほうにも火がまわっちゃったらしいな。全焼ですね。」幸吉は、ひとりでそう呟いて、微笑した。たしかに、単純に、「微笑」であった。つくづく私は、この十年来、感傷に焼けただれてしまっている私自身の腹綿の愚かさを、恥ずかしく思った。叡智を忘れた私のきょうまでの盲目の激情を、醜悪にさえ感じた。

けだものの咆哮の声が、間断なく聞える。

「なんだろう。」私は先刻から不審であった。

「すぐ裏に、公園の動物園があるのよ。」妹が教えてくれた。「ライオンなんか、逃げ出しちゃたいへんね。」くったく無く笑っている。

君たちは、幸福だ。大勝利だ。そうして、もっと、もっと仕合せになれる。私は大きく腕組みして、それでも、やはりぶるぶる震えながら、こっそり力こぶいれていたのである。

↓太宰治の小説は暗いものが多いのですが、『新樹の言葉』は珍しく明るい未来を予感させる小説です。主人公の作家は旅先で偶然、自分の乳母の子どもたち、つまり乳兄妹と再会します。

二人に連れられて入ったのは、彼らがかつて暮らした屋敷であり、今は料亭になっている建物でした。乳兄弟は両親をなくして、屋敷も手放し、苦労しながら兄妹で助け合って生きてきたのです。

間もなくして、その料亭が火事になり、主人公があわてて駆けつけるとあの兄妹も現場にいました。燃えさかるかつての実家を見ながら、兄妹は凛として立っています。**「焼ける家だったのですね」**という言葉と、微笑したという表現に、太宰ならではの「ワードセンス」を感じます。

現実を受け入れる潔さは、古来からある日本人のメンタリティです。自分の家が焼けることに対して、冷静に受け止めることができ、微笑さえしているという外国人の記録が、幕末のころにもあったといわれています。

この小説の主人公も、「感傷に焼けただれてしまっている私自身の腹綿の愚かさを、恥ずかしく思った」と語っていて、兄妹の精神の健康さに胸を打たれます。最後に**「君たちは、幸福だ。大勝利だ」「もっと、もっと仕合せになれる」**と力こぶをいれる場面の言葉としぐさが、現実に絶望せず、再生にかける力強さを感じさせます。

ワードセンス・クイズその4

小説、評論に出てくる言葉を考えてみよう

問1 マルクスとエンゲルスの「共産党宣言」の冒頭に入る有名な言葉です。

ヨーロッパに■■が出る――共産主義という■■である。ふるいヨーロッパのすべての強国は、この■■を退治しようとして神聖な同盟を結んでいる。（マルクス・エンゲルス『共産党宣言』）

⬇すべて漢字二文字の同じ言葉が入ります。インパクトがある言葉です。これが出たら、誰でもこわいと思うものです。警戒され、排除されようとしていることを皮肉った言葉です。

答え　幽霊

問2 主人公のダンテが古代ローマの詩人の案内で地獄の門にさしかかったとき、そこに書かれていた文字は何でしょうか。（ダンテ『神曲』）

われを過ぎんとするものは一切の■■を捨てよ。

⬇地獄の門に書かれている言葉ですから、強いワードになります。イタリアの詩人ダンテが書いた『神曲』は、ダンテ自身が地獄、煉獄、天国をめぐる物語です。最後は初恋の人ベアトリーチェに導かれて天界に到達します。

答え　希望

問3 プライドの高さゆえ獣になってしまった男の反省の言葉は？（中島敦『山月記』）

我が臆病な■■心と、尊大な■■心との所為《せい》である。

➡「臆病な」と■■は対立する概念です。同様に「尊大な」と■■も対立しています。プライドばかり高い下級役人の男が、プライドと劣等感のはざまでうつうつとしたあげく虎に変わってしまうという心の葛藤を考えてみましょう。

答え　自尊、羞恥

問4 剣術の奥義について宮本武蔵が記した名言は？（宮本武蔵『五輪書』水之巻）

千日の稽古を■とし、万日の稽古を■とす。

➡剣の達人になるために、何が必要かを考えてみましょう。ふたつの■をつなげると、私たちが運動などの練習をするときによくつかわれる熟語になります。

答え　鍛、練

問5 同じく武蔵が武道に生きる心構えについて述べたもの。（宮本武蔵『独行道』）

我事において■■せず。

⬇漢字二文字が入ります。宮本武蔵らしいとても潔い言葉です。「我事」は、「われこと」とも「わがこと」とも読めます。自分に関する事と理解しましょう。武蔵ほどの剣豪なら、自分の人生をふり返って何というか想像してみましょう。

答え　後悔

問6 夏目漱石がこの言葉の概念を得て、精神的に強くなりました。（夏目漱石『私の個人主義』）

私はこの■■■■という言葉を自分の手に握ってから大変強くなりました。

⬇イギリスに留学した漱石は、西洋人に評価してもらおうと努力するのに疲弊し、ノイローゼにおちいりました。しかし、他人の評価ではなく、自分を起点に考えればいいのだと、この四文字の熟語に思い当たり、自信を取り戻しました。

答え　自己本位

問7 世阿弥が能について記した『風姿花伝』で若いころの一時的な美をいさめた言葉。（世阿弥『風姿花伝』）

この■は、まことの■にはあらず。ただ時分の■なり。

⬇■にはすべて同じ漢字一文字が入ります。『風姿花伝』は世阿弥が残した能の奥義書です。華やかなものより慎ましやかなもののほうが美しいとし、若さだけでキラキラ輝く華やかさをいさめています。

答え　花

問8 西郷隆盛が『遺訓集』に残した、大成する人についての記述。（西郷隆盛『遺訓集』）

■もいらず、■もいらず、官位も■もいらぬ人は、仕抹に困るものなり。

⬇西郷隆盛の遺訓です。■にはそれぞれ異なる漢字が入ります。官位つまり肩書も含めて、この四つがいらない人はもうこわいものなしです。何がいらないと無敵になるのか、考えてみましょう。

答え　命、名、金

問9 夏目漱石が久米正雄に送ったアドバイスの手紙です。（夏目漱石書簡集）

■になる事はどうしても必要です。吾々はとかく■になりたがるが、■には中々なり切れないです。

➡最初の■と最後の■は同じ言葉です。すべて動物が入ります。夏目漱石が弟子である久米正雄に、なにごとも根気強くやりなさい、周りの文士の評判など気にすることはないのだ、というメッセージを送っています。

答え　牛、馬、牛

問10 芸術家岡本太郎のもとに、母が亡くなったあと、父から届いた電報と、それに対する太郎の返信です。（岡本太郎『太郎誕生　岡本太郎の宇宙2』）

僕は■の為に生きる。すこやかにあれ、■□ければ電打て（父）

母はわがうちに生きつつあれば■□からず。父は僕に□□□□されず仕事に生きよ（太郎）

➡芸術家の岡本太郎は、歌人岡本かの子と漫画家の岡本一平の長男として生まれました。母を亡くしてうちのめされている太郎のもとに、父から電報が届きます。父は太郎をひたすら心配します。それに対して太郎が父を励ますために返信を打ちます。互いに相手を気づかう親子の愛情を想像しましょう。

答え　君、苦し、悲し、わずらわ

問11 自分がどこまでいっても罪深い人間である、という親鸞の言葉。（親鸞『歎異抄』）

■■は一定《いちじょう》すみかぞかし。

➡「一定」は「たしかに」という意味。親鸞はどこをすみかだとしたのか、という問題です。ここをすみかにするのは、かなり勇気がいります。「善人なをもて往生をとぐ、いはんや悪人をや」と言った親鸞らしい言葉です。

答え　地獄

問12 苛酷な現場で奴隷のように働かされている労働者のせりふ。（小林多喜二『蟹工船』）

まるで■に食われている■の葉のように、俺達の身体《からだ》が殺されているんだ。

➡プロレタリア作家小林多喜二の小説の一節。蟹をとって加工する蟹工船の船員たちが、苛酷な労働に耐えかねて、反乱を起こそうとします。労働の苛烈さについて、一気に殺されるのではなく、じわじわと殺されるようだと言っています。さて何のように殺されるのでしょうか。両方とも漢字一文字が入ります。

答え　蚕、桑

問13 二宮尊徳が説いた思想です。荒れ果てた田畑を耕す前に何が必要と言っているのでしょうか。（二宮尊徳『二宮翁夜話』）

我が道は先《ま》づ■田の荒蕪《こうぶ》を開くを先とすべし。

⬇■田で漢字二文字の造語になります。「荒蕪」とは荒れはてていることです。実際の田畑を耕す前に何の田畑を耕すことが必要なのか、考えてみましょう。

答え　心

問14 お笑い芸人が、高校時代からコンビを組んでいる相方について聞かれたときのひと言は。（『拝啓　元トモ様』ＴＢＳラジオ）

矢部への■■だけでやってきた。

⬇「カラテカ」という芸人コンビの一方がラジオ番組で言ったひと言です。高校時代は仲がいい友だちだった二人も、芸人として売れるようになってからは友だちではなく相方になってしまいました。「矢部」というのは相方で、ピンの仕事も増えていました。そんな状況も踏まえて言ったひと言です。正直な気持ちを表現している潔さが感じられる言葉です。

答え　嫉妬

問15 本屋の画集の上にレモンを置いた様子を梶井基次郎が描写しています。（梶井基次郎『檸檬』）

その檸檬の色彩は（略）**□□□と冴えかえっていた。**

➡□にはカタカナの擬態語が入ります。焦燥感やいらだちにさいなまれていた作者が、行きつけの書店丸善の本の上にレモンを置き去りにして店を出ます。あたかも爆弾をしかけたような爽快感を味わう心境を想像してみましょう。

答え　カーン

おわりに　日本は言霊の幸《さき》わう国

最後に辞世の句や歌についてふれておきます。江戸時代の作家、十返舎一九《じっぺんしゃいっく》の辞世の歌は**「此の世をばどりゃお暇にせん香の煙とともに灰左様なら」**です。「この世をそろそろおいとましましょう。線香の煙とともに、さようなら」というような意味です。「おいとません」の「せん」と線香の「せん」、そして「灰さようなら」は線香の灰と焼却された自分の灰、「はい」という呼びかけをかけていて、ダジャレがきいています。

浮世絵師の葛飾北斎は**「人魂で行く気散《きさん》じや夏野原」**という辞世の句を残しました。「気散じ」は気晴らしの意味です。「人魂になって、気晴らしに夏の野原に行くよ」というような句でしょうか。今度は人魂で遊びに行くよ、というところがおちゃめです。人生の終わりに「ワードセンス」が光ります。

江戸時代の僧侶、良寛は**「うらを見せおもてを見せて散るもみぢ」**という句を残しています（一訳には古句）。晩年になって、死ぬ間際に「ワードセンス」を駆使して句や歌をつくる。その覚悟が素晴らしいと思います。良寛の辞世の句は「散桜《ちる》残る桜も散る桜」とする説もあります。

幕末の志士、高杉晋作は**「面白きこともなき世を面白く」**という上の句をつくりました。「面白くない世の中を面白くしてやろう」という意味ですが、みなさんなら下の句をどうつくるでしょうか。

同じく幕末の思想家、吉田松陰はとらわれた後、獄死します。その時獄中でつくった遺書のような手紙が『留魂録』です。その中には刑死する直前の歌がおさめられています。

「身はたとひ武蔵の野辺に朽ちぬとも留め置かまし大和魂」

「たとえこの身は武蔵野の野辺で朽ち果てるとも、ここに私の魂は留め置く」という意味で、日本という国に対する情熱がうかがえます。魂を留め置くので「留魂録」と名付けられたわけです。

吉田松陰は下田に停泊中の黒船に侵入しようとしてつかまるのですが、**「かくすればかくなるものと知りながらやむにやまれぬ大和魂」**という歌も残しています。「こんなことをすれば、こんなふうにつかまることはわかっていたけれど、世を憂える気持ちからこうするしかなかったのだ。大和魂があるゆえに」という意味です。

私たちは警察につかまったり、死にそうになったりした時にいちいち句や歌をつくるでしょうか。首を切られて刑死するその直前に、まだ何か言うのかとびっくりするのですが、彼らはそういう歌を残してきたのです。

辞世の歌、辞世の句ひとつとっても、命をかけ、人生をかけた「ワードセンス」です。それがほかの人たちや後の世にも影響を与えました。このように歴史的に見ても、「ワードセンス」という言葉で見ると、この国は言霊の国であったことがわかります。

『万葉集』にこんな歌があります。

しきしまの大和の国は言霊の幸《さき》わう国ぞま幸《さき》くありこそ（柿本人麻呂）

「この日本という国は言葉が持つ力によって幸福になっている国です。この幸せがこれからもつづきますように」という意味です。

「言霊の幸わう国」という表現も「ワードセンス」があります。日本は言葉に魂があるというとらえ方をしている国であり、今もそうあり続けている、ということです。

私たちははるか昔から、言葉によって幸せを得ている国民だったのです。そのDNAがあるのですから、これからも言葉を大切に、「ワードセンス」を磨いて、人生を豊かに、幸せに生きていきたいものです。

JASRAC出2311240-01

本文レイアウト　中村道高（tetome）
編集協力　　　　辻由美子

ちくま新書
1770

「いいね！」を集《あつ》めるワードセンス

二〇二四年一月一〇日　第一刷発行

著　者　齋藤孝（さいとう・たかし）

発行者　喜入冬子
発行所　株式会社　筑摩書房
東京都台東区蔵前二-五-三　郵便番号一一一-八七五五
電話番号〇三-五六八七-二六〇一（代表）
装幀者　間村俊一
印刷・製本　三松堂印刷　株式会社

ISBN978-4-480-07602-1 C0295

ちくま新書

1189 **恥をかかないスピーチ力** 齋藤孝

自己紹介や、結婚式、送別会など人前で話す機会は意外と多い。そんな時のためのスピーチやコメントのコツと心構えを教えます。これさえ読んでいれば安心できる。

1340 **思考を鍛えるメモ力** 齋藤孝

メモの習慣さえつければ、仕事の効率が上がるだけでなく思考が鍛えられる。基本のメモ力から、攻めのメモ力の技術、さらに大谷翔平等から学ぶ「鬼のメモ力」とは。

1630 **頭がよくなる！ 要約力** 齋藤孝

これからの社会を生きていく上で、絶対必要な力は「要約力」だ。的確に相手の話を理解し、自分の話が伝われば、物事はスムーズに進み、人の心をひきつけられる。

1412 **超速読力** 齋藤孝

「超速読力」とは、本や書類を見た瞬間に内容を理解し、コメントを言えるという新しい力。本質をつかむためには必須の能力なのだ。日本人なら誰でも鍛えられる。

766 **現代語訳 学問のすすめ** 福澤諭吉 齋藤孝訳

諭吉がすすめる「学問」とは？ 世のために動くことで自分自身も充実する生き方を示し、激動の明治時代を導いた大ベストセラーから、今すべきことが見えてくる。

877 **現代語訳 論語** 齋藤孝訳

学び続けることの中に人生がある。――二千五百年間、読み継がれ、多くの人々の「精神の基準」となった古典中の古典を、生き生きとした訳で現代日本人に届ける。

304 **「できる人」はどこがちがうのか** 齋藤孝

「できる人」は上達の秘訣を持っている。それはどうすれば身につけられるか。さまざまな領域の達人たちの〈技〉を探り、二一世紀を生き抜く〈三つの力〉を提案する。

ちくま新書

1276
経済学講義
飯田泰之
ミクロ経済学、マクロ経済学、計量経済学の主要3分野をざっくり学べるガイドブック。体系を理解して、大学で教わる経済学のエッセンスをつかみとろう！

1302
働く女子のキャリア格差
国保祥子
脱マミートラック！　産み、働き、活躍するために必要な職場・個人双方の働き方改革を具体的に提案。育休取得者四〇〇〇人が生まれ変わった思考転換メソッドとは？

1305
ファンベース
――支持され、愛され、長く売れ続けるために
佐藤尚之
「ファンベース」とは、ファンを大切にし、ファンをベースにして、中長期的に売上や価値を上げていく考え方である。今、最も大切なマーケティングはこれだ！

1374
東京格差
――浮かぶ街・沈む街
中川寛子
「閑静な住宅街」「職住分離」「住みよい街」という発想はもはや時代遅れ。二極化する東京で、生きのこる街の条件は何か？　豊富な事例も交えつつ具体策を探る。

1427
川上から始めよ
――成功は一行のコピーで決まる
川上徹也
企業の「理念」や「哲学」を一行に凝縮した、旗印となる「川上コピー」。あらゆるビジネス、プロジェクトの成功には欠かせないフレーズを、どう作ればいいのか。

1502
「超」働き方改革
――四次元の「分ける」戦略
太田肇
長時間労働、男女格差、パワハラ、組織の不祥事まで、日本企業の根深い問題を「分け」て解決！　テレワークがうまくいく考え方の基本がここに。

1524
スーパーリッチ
――世界を支配する新勢力
太田康夫
上位1%のビリオネアが富の50%を支配し、コロナ禍でさらに格差が広がっている。知られざる富裕層の素顔と動向を明らかにし、行き過ぎた格差社会の行方を占う。

ちくま新書

1526
統計で考える働き方の未来
坂本貴志
労働の実態、高齢化や格差など日本社会の現状、賃金や社会保障制度の変遷などを多くの統計をもとに分析し、そこから未来を予測。高齢者の働き方を考える。

1675
今すぐ格差を是正せよ！
ベン・フィリップス
山中達也訳
深澤光樹訳
世界人口の1％未満が富を独占する現状は、実は不正義であるばかりか経済成長を阻害し環境問題を悪化させる。この状況はどうしたら変えられるのか？

1705
パワハラ上司を科学する
津野香奈美
「どうしたらパワハラを防げるのか？」十年以上にわたる研究で、科学的データを基にパワハラ上司を三つのタイプ別に分析、発生のメカニズムを明らかにした。

1715
脱炭素産業革命
郭四志
今や世界的な潮流となっているカーボンニュートラルへの動きは、新しい生産・生活様式をもたらす新段階の産業革命である。各国の最新動向を徹底調査し分析する。

1737
日本のビールは世界一うまい！
——酒場で語れる麦酒の話
永井隆
しのぎを削る商品開発、市場開拓、価格競争。生論争・ドライ戦争など、大ヒットの舞台裏。発祥から現在までの発展史を一望して見えた世界一のうまさの秘訣とは。

1740
資本主義は私たちをなぜ幸せにしないのか
ナンシー・フレイザー
江口泰子訳
資本主義は私たちの生存基盤を食い物にすることで肥大化する矛盾に満ちたシステムである。世界的政治学者がそのメカニズムを根源から批判する。（解説・白井聡）

1748
エネルギー危機の深層
——ロシア・ウクライナ戦争と石油ガス資源の未来
原田大輔
今世紀最大の危機はなぜ起きたか。ウクライナ侵攻と一連の制裁の背景をエネルギーの視点から徹底的に読み解き、混迷深まる石油ガス資源の最新情勢を解きほぐす。

ちくま新書

988
キレる女　懲りない男
――男と女の脳科学
黒川伊保子
脳の回路特性を知れば、男と女はもっとわかり合える。職場では人材活用の参考書となり、恋愛指南本として使え、夫婦の老後の備えともなる究極の男女脳取扱説明書。

993
学問の技法
橋本努
学問の王道から邪道まで、著者自身の苦悩から生み出されたテクニックを満載！　大学生はもちろん社会人も、読めば学問がしたくてしょうがなくなる、誘惑の一冊。

1051
つながる図書館
――コミュニティの核をめざす試み
猪谷千香
公共図書館の様々な取組み。ビジネス支援から町民の手作り図書館、建物の外へ概念を広げる試み……数々の現場を取材すると同時に、今後のありかたを探る。

1088
反論が苦手な人の議論トレーニング
吉岡友治
「空気を読む」というマイナスに語られがちな行為は、実は議論の流れを知るための技でもあった！　ツッコミから反論、仲裁まで、話すための極意を伝授する。

1249
日本語全史
沖森卓也
古代から現代まで、日本語の移り変わりをたどり全史を解き明かすはじめての新書。時代ごとの文字・音韻・語彙・文法の変遷から、日本語の起源の姿が見えてくる。

1307
身体が生み出すクリエイティブ
諏訪正樹
クリエイティブは、身体とことばの共存が生み出すのではないか。着眼と解釈のこつを身につけ、なんでも試してみる習慣にすることで、人はもっと創造的になれる。

1352
情報生産者になる
上野千鶴子
問いの立て方、データ収集、分析、アウトプットまで、新たな知を生産し発信するための方法を全部詰め込んだ一冊。学生はもちろん、すべての学びたい人たちへ。

1380
使える！「国語」の考え方　橋本陽介
読む書く力は必要だけど、授業で身につくの？　小説と評論、どっちも学ばなきゃいけないの？　国語にまつわる疑問を解きあかし、そのイメージを一新させる。

1390
これなら書ける！　大人の文章講座　上阪徹
「人に読んでもらえる」文章を書くには、どうしたらいいか？　30年プロとして書いてきた著者が、33の秘訣を大公開！　自分の経験を「素材」に、話すように書こう。

1392
たった一言で印象が変わる大人の日本語100　吉田裕子
「大人ならそういう言い方はしない」と思われないように。仕事の場はもちろん、日常生活でも「教養ある大人」としての基本的な語彙力が、これ一冊で身につく。

1456
精神科医が教える 聴く技術　高橋和巳
人の話を聴くことは難しい。精神科医であり、多くのカウンセラーを育てた著者が教える「聴く技術」。四つのステップに分けて、事例と共にわかりやすく解説する。

1617
情報生産者になってみた
——上野千鶴子に極意を学ぶ　上野ゼミ卒業生チーム
かつて志望者ゼロだったこともある〝最恐のゼミ〟で、卒業生たちは何を学び、どう活かしてきたのか。上野千鶴子『情報生産者になる』の必携副読本。

1652
だからフェイクにだまされる
——進化心理学から読み解く　石川幹人
人がフェイクニュースや嘘にだまされてしまう7つの心理的トリックを取り上げ、「疑う」態度を身につけることを推奨し、かつ社会的制度作りも必要なことを説く。

1667
子どもに学ぶ言葉の認知科学　広瀬友紀
ヘンテコな答えや言葉遣いには、ちゃんと意味がある。子どもの、あるいは人間一般の心の働き、認知のしくみ、言葉の法則や性質について、楽しく学べる一冊。